U0015055

為你降一場溫柔細雨

目錄

出版序
傾聽「樹」的歌唱　真如　004

推薦序
任風任雨，此心不滅　如淨和尚　007

飲一杯遲來四十年的溫情　李婉君（化名）　010
家庭是一個接著一個的齒輪，
不能只期望一方的運作，
我若不努力，又怎能強求父親有巨大的改變？

長成一株生了根的浮萍　石尚瑛　048
當大地上都是荊棘時，
不需要去剷平這些無盡的阻礙，
只要穿一個有厚鞋底的鞋子，
就可以安心地踏出去。

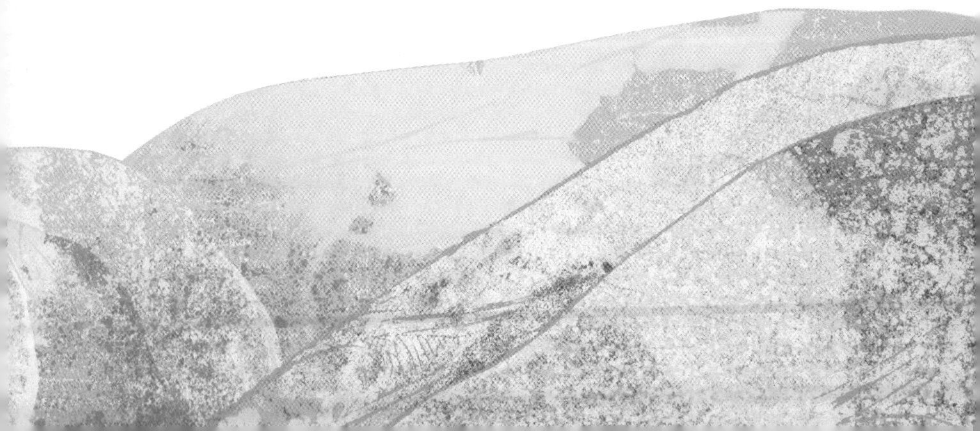

用愛等你緩步前行　**劉振宇**（化名）　094

樹木的年輪順應季節而生，
河水順應山勢奔流，
揠苗不會助長，強迫只會帶來反抗。

為你降一場溫柔細雨　**林凌雅**（化名）　138

我是一位教育者，
不能只是理解、同理他，
還得引導、教育他。

擁抱自己的傷口　**林玉仙**　182

每個人都像一本書，
這厚重的書頁中，隱含他的成長歷程，
讓每本書都是那樣的與眾不同。

出版序

傾聽「樹」的歌唱

真如

在靜謐的樹林中，抬頭仰望著一棵棵樹，適時正有清風徐徐拂來，似乎所有的樹葉都在沙沙振響，那一刻的心湖明靜而柔軟，好像要對藍天輕語著什麼……。

陽光，正把它的熱情和光明，透過葉子灑下來，每一片葉子的形狀、葉脈、都在碧藍的陪襯下清晰呈現。我不禁常常驚歎是怎樣的神祕之手，雕刻了這精彩紛呈的美麗。每一棵樹都那般風姿獨具，幾多蓬勃，幾許可人。可是它們在大片的森林裡，有幾人能走近欣賞觀看，那每一片樹葉在風中雨中繁華與凋零；陽光月下怒吼與淺唱。看那楓樹，在北國寒意漸濃之時，正是它們盡顯生命的璀璨之際。每每值此，欲將珍貴美景寄與天下人共享。

每個人生命中，最細緻、最燦爛的那個部份，也許只有他自己，或是跟他親近的人才知道。他們，就像一棵樹，蒼勁地散發堅強的氣息。他們在受傷之後，森林悄悄收藏了他們的哀哭與無奈，他們努力地尋覓著生存的堅韌之力，經歷多少頑強的內心之戰，終於小心翼翼地把傷痕復原，從再次地枝繁葉茂到令人驚歎！他們迎接了生命的大風暴，在幾度摧殘中毅然璀璨綻放！像一棵樹般，他們謙虛地對整個森林釋放著愛與奉獻的信息，以個體生命的強悍溫熱著整體。

一棵桂花樹的淡淡清香，也許會觸碰到你靈魂深處的甜美的寧靜。究竟，他們曾經歷怎樣的風霜雨雪？那美麗的深藏於年輪中的精彩記憶，在何樣的陽光下開始優美昇華？在怎樣的鏡湖中看清了自己的模樣？是什麼喚醒了他們心中的巨人之力，將沉睡的荒原，開放為直到天際的鬱鬱森林與燦燦樹花？

有人願傾聽這每一棵樹的哭聲與吟唱嗎？

我真摯地邀請所有的人，和我一起凝視這些精彩的心吧！這些在苦痛中掙扎著，終於開出燦爛心花的勇敢的人們，他們動人的身影，就和你我一樣，行進在這個世上。可能，讀這本書，就像人生中的一次深情回眸。注視到了那個和我一起經歷過人世的風雨、經歷過人世災難洗禮的同伴，他是如何精彩地活著，而他的精彩，到底有怎樣細緻的輪廓、顏色、形狀？這精彩是如何發生的？親愛的讀者，你不想欣賞嗎？

就像我看到的一樹美景，在很多年前，有了一種想把它獻給大家的心情。它，終於出現了。所以，為這些精彩的心隨喜，並加油吧！也為你自己的美麗、為你自己的勇悍、為你自己的不屈，為你自己的善良喝采吧！

因為我們同行！

寫在二〇一八年，亮點書系開啟時

推薦序

任風任雨，此心不滅

如淨和尚（福智僧團住持）

離離芳原，透由春風化雨的滋養，方得開出遍野鮮花；莘莘幼苗，仰賴晴空麗日的照拂，才有機會長成參天巨木。

反觀我們自身，何嘗不也是如此？在苦樂雜陳、順逆無常的生命旅途間，每個人都必須依靠彼此誠懇的信任、陪伴和賞識，才能鼓起勇氣，活得精彩。

只不過，當我們真的開始積極尋求支援，或者推己及人，試圖溫暖別人的心坎之際，卻可能會驚詫地發現：要去體諒對方，或者讓對方感受到自己的一片真心，這過程乍似平淡無奇，實際上竟有著超乎想像的難度。

真如老師多年來引導福智僧俗二眾學習「關愛教育」，在教室、家庭、職場等各類場域歷事練心。老師曾揭示關愛教育是：「必須從頭到腳都關愛他，把自己從頭到腳都變成真的關愛對方的一個人，語言、眼神、動作都會自然流露出對他的關愛。」然而，關愛並不代表無底線地縱容，老師也說：「真正地關愛一個生命，一定會幫他成長。幫他成長意味著幫他瞭解自己應負的責任，幫他探尋自我的使命，在關愛中建立紀律，在紀律中展現關愛。」所以，雖然表面上我們在傳遞關愛，但更重要的是，透過學習和訓練，讓自心成為關愛本身，並將嚴肅的原則和動人的關愛完美地融合，這需要長久的修鍊。

《為你降一場溫柔細雨》書中的五位故事主角，為了領會這門「關愛」的課題，難免都付出了不菲的學費。但他們卻始終遇困不退、堅守初心，直至峰迴路轉、雨過天青，到那時才恍然察覺：原來，當自己越加懂得去發掘對方潛藏的美，其實自己的生命也早就脫胎換骨，綻放出前所未見的璀璨光芒。

本書在闡述主角如何一步一步實踐「關愛」的同時，即已於字裡行間娓娓透露對每位讀者最真切的關愛。若能隨著本書細膩質樸的筆調，反覆琢磨這五段動人的轉心經歷，相信你我都將從中獲取深刻的啟示與潤澤，進而重拾信心，堅持朝向利他的方向，勇悍前行！

飲一杯遲來四十年的溫情

李婉君（化名）

文／蔡鋶芳

家庭是一個接著一個的齒輪，不能只期望一方的運作，我若不努力，又怎能強求父親有巨大的改變？

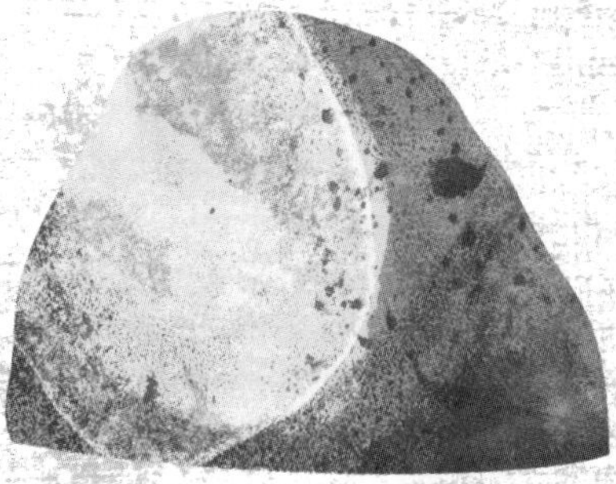

從以前到現在，母親便是我最好的朋友，我們無話不談。
她疼惜我，就如同我疼惜她一般。

這是出社會後的第一個母親節，因為工作忙碌，我沒時間替母親慶祝，只能包一個紅包，感謝母親一直以來的照顧。我拿了一個紅包袋，把早就領好的錢放進去，儘管金額不多，卻承載了我的心意。

「媽，祝妳母親節快樂！希望妳一直健康，快樂。」

我拿著紙筆，一邊念，一邊將祝福寫在紙條上面，字跡雖然說不上極美，卻也端正秀麗。滿意地點了點頭，我拿著紙條與紅包，起身走進母親的房間。

母親總將物品排列得井井有條，讓房間儘管堆著許多雜物，依舊看來整潔。出門前她習慣拉開窗簾，讓明媚的陽光照進房間裡，被玻璃切割成一束束的陽光打在摺疊整齊的棉被上，讓花紋都像是發著光。每次走進這房間，總帶給我一種安心的感覺，大概是因為，這房間就像是母親形象的呈現——處處有條不紊，卻又透著溫柔。只要進來這裡，我就會想起母親溫暖的微笑，紊亂的心也會跟著平靜下來。

我環視左右，最後決定把紅包與紙條放在母親的床頭櫃上。木製的床頭櫃襯得紅包更加豔麗，讓人一眼便能看入眼裡。我想，放這裡的話，母親一定馬上便能發現這份驚喜。

噙著滿意的微笑，我走出房間，然後換了衣服去醫院上班。

病房一如既往的忙碌，節日並不影響醫院的生意，依舊人來人往，身為菜鳥護士的我完全無法放鬆，繃著精神四處奔走。等到稍有空閒時，已經過了好幾個小時。我捶了捶酸澀的肩膀，打算歇一會，喝杯水，然後再繼續奮戰。

此時，清脆的腳步聲從不遠處的迴廊傳來。

「叩、叩、叩。」那腳步聲既堅定又有力，聽起來一點也沒有拖泥帶水的感覺。

我抬頭，然後愣在原處。來人裝扮得十分美麗，頭髮整齊地梳在背後，灰色的圓領上衣與淡粉色的褲子讓她看來十分年輕，她的手上捧著一大束的向日葵，那明豔的黃照亮了她臉上的微笑。

「護士節快樂！」

「媽！」

我衝上去，用力給了母親一個擁抱。是了，五月的第二週，不只是母親節，同樣也是屬於護士的節日。就像我心底惦記著要給母親祝福一樣，她也將我放在心上，加倍地對我表達愛意。一個日子，卻分別能屬於我們兩個，這讓我既新奇又開心。我與母親似乎總能有這樣細小而溫柔的連結，心與心也隨之變得緊密。

從以前到現在，母親便是我的偶像，更是我最好的朋友，我們無話不談。她疼惜我，就如同我疼惜她一般。也許是這樣，我更加看不慣無所事事，總愛添麻煩的父親。

我和父親一直都水火不容，過半數的人生裡，我都在試圖證明父親的「錯誤」。在我心中，他既不負責任又討人厭，是整個家庭氛圍的破壞者。不管我們過得再開心，只要父親回家，歡聲笑語便不復見，只有沉重的呼吸聲迴盪。

我討厭父親，也為了有這樣的父親感到羞恥。

「我回來啦！今天吃啥？」

父親大搖大擺走進家門，漿洗得發白的背心皺巴巴的，藍白拖在地上拖曳，讓腳步聲十分沉重。聽見父親大聲地喊叫，我擺放碗盤的動作一滯，忍不住翻了個白眼。

「回來做什麼。」

我小聲地嘟囔，然後被母親一巴掌打在頭上。

從血緣來看，父親是我最親近的人，
然而在我心中，他與我的距離卻最為疏遠。

「碎碎念什麼，去幫大家盛飯。」

開始懂事以後，我就非常討厭這個總在外賭博，沒錢了才回家，欠一屁股債的父親。母親希望讓孩子們有個健全的家，因此總將委屈往肚裡吞，我看在眼裡，便更加厭惡父親。

「喂，我晚點要出門，給我一點錢。」

父親大口扒著飯，筷子在空中揮舞，對著母親頤指氣使。

「錢錢錢，就只會要錢！給你錢不都拿去賭光光嗎？」

母親用力地將筷子拍在桌上，語氣不佳，父親的表情跟著暗下來，聲音也大了起來。兩人脣槍舌戰到最後，以父親大聲怒吼，將桌子掀翻作結，滿地杯盤狼籍。

「妳一個女人家懂什麼東西！一個男人在外面闖蕩，哪能不帶錢？少廢話了！」

我實在不懂，賭博的是父親，欠債的也是父親，每次回來，讓家裡氣氛變得難看的也是他，明明做了這麼多的錯事，他怎還能如此理直氣壯地發脾氣？

父親的種種行為，讓我越發討厭他，我又是個直腸子的人，七情六慾在臉上全都看得出來，根本掩飾不了我的厭惡。父親一眼便看出了我的心情，自然情緒高不起來，對著我也沒好脾氣。

與父親關係大抵在國中時，開始急遽下滑。當時母親一大早便會去市場賣一些煮好了的素菜，讓客人可以買回去帶便當。知道母親的辛苦，我總五點就起床，陪著母親到市場將攤位擺好，才匆匆帶上便當，趕車去學校。放學回到家，挽起袖子，我便幫忙洗菜、切菜，把明日要煮的材料先備好，讓母親不用那麼辛苦。

一起協助母親做生意的過程，讓我越發感謝她，而父親卻從沒自覺到母親有多麼辛苦，還是不斷惹麻煩，甚至債臺高築。

記得那時候，我們幾個小孩最常問母親的問題就是：「妳為什麼不離婚？」

在我們心中，母親是那樣厲害，既煮了一手好菜，又生得風姿綽約，在外跟人做生意，一點也不輸男人。這樣的母親，為什麼要委屈地待在父親身邊？

「你們不懂，別鬧。」

母親總輕輕用手指彈我們的腦袋，便將話題揭過不談，徒留我們抱頭苦思，卻依舊想不明白母親的深意。

然而即使是這樣善於忍耐的母親，也有受不了的時候，因為父親的賭癮越發嚴重了，這讓母親終於體認到繼續這樣下去是不行的。在某一次父親醉醺醺地回來時，她表情凝重地對著父親攤牌。

「你不要再賭了，這樣一直欠錢又還錢的日子，我過不下去了。我今天話就放在這，以後你再賭，我決不會幫你還錢！你自己好自為之！」

母親嚴厲的語氣讓看著還有些迷糊的父親僵在了原地，本來要送入嘴中的溫茶停在了空中，父親的臉色沉了下來，眉頭皺在一起，細小的眼睛因憤怒而向上吊了起來。

「妳說什麼！現在是會賺錢就大聲了是不是！」

父親用力把茶杯摔到地上，茶水濺得四處都是，母親卻一點也不害怕，伸手拍了拍濺到身上的水痕。

「不管怎麼樣，我今天都要為了這四個孩子想，錢如果都拿去幫你還賭債，孩子怎麼辦？而且這是你自己在外闖下的禍，我為什麼要幫忙？我給你這麼多次機會，然而你沒有改變過，所以，我不給你機會了！」

「妳是在囂張什麼！如果我有困難妳不幫忙，那妳算什麼妻子！」

父親站起來怒視母親，並開始滔滔不絕地數落她。一邊說，一邊激動地揮著手。母親反而不言不語，緊閉著脣坐到椅子，將父親的話純當耳邊風。我雖不在客廳，這兩人的爭執也早已響徹整個家，站在房外的走廊遠眺客廳，我緊握著拳頭，對父親的好感消磨殆盡。

我的人生有兩股很重要的動力，一股是拉力，來自母親全力的幫助；
一股是推力，來自父親讓人厭惡的行徑。

以此為導火線，我對父親的怒氣值達到了頂點，讓我看見他心頭便不自覺地湧動火焰。看著他，我連一聲：「爸。」都叫不出來。

我順從了自己的憤怒，開始對父親視若無睹，連餐桌上狹路相逢，我也不願呼喚他，這讓父親也十分不滿，時刻想要修理我。母親夾在中間，顯得為難，她生氣父親，卻也不想要我心中充斥著憤恨。

我們沉默的關係持續了好幾年。

我還記得，護專註冊那天，是父親帶著我去的。我們從臺南一路搭巴士到臺北，好幾個小時的車程，我與父親關在車子中，甚至就坐在隔壁，卻只有沉默在我們之間蔓延。我不跟他說話，他也懶得用熱臉貼冷屁股。

父親倒也不是把我帶去臺北後就不管我，他陪著我走完整個流程，甚至等我安頓好後才離開。明明是這樣細心的舉動，我卻連一點感謝的心情也沒有。這感覺很奇妙，從血緣來看，他是我最親近的人，然而在我的心中，他與我的距離卻最為疏遠。母親常常對我講父親小時候有多疼我，然而我看著父親的身影，卻覺得陌生，甚至感到怨懟。我不明白為何長大了，父親也跟著變了樣？

母親常聽著我的抱怨嘆氣，卻也不曉得怎麼解開我的心結。我與父親依舊維持著三天一小吵，五天一大吵的頻率。母親對我與父親的爭執無能為力，只能盡力隔開我們兩人。

所以後來我工作調職回臺南後，為了避免我們父女住在一起產生許多的衝突，因此母親要我不要住在家裡。她出錢買了一層公寓給我，小小的，也不新，但勝在離醫院近，上下班不會花太多交通時間。

我將母親的掙扎看在眼裡，有時也想著是否要改變自己，火爆的個性卻壓抑不了太久。只要看見父親對母親有半點的不好，便如同在原先憤恨的火焰中澆上熱油，無法平息的怒氣熊熊燃燒。

「媽，我回來囉。」

把摩托車停好，我對著家中大喊，奇怪的是，總興沖沖地跑出來迎接我的母親沒有任何動靜。整個房子靜悄悄的，只有夏蟬的鳴叫迴盪在空氣中。我把放在前座的菜提起來，便往房子裡面走。

客廳、廚房都沒見到母親的身影，我往裡走去，見到父母站在臥房前交談。他們沒注意到我，但兩雙對望的雙眼都凝滯著不悅。

「你也知道我不會開車，你就載我去吧？」

「我不要，妳要去就自己想辦法。」

母親似乎想去哪裡，正央求著父親帶她走一趟。父親偶爾為了錢會去開貨車或計程車，車技很好，開得也平穩，但他卻連帶母親出去一趟都不願意。我很生氣，走上前便拉走母親。

「媽，我再來會考駕照，買一輛車，未來妳要去哪，我都載妳去。」抓住母親因勞動而粗糙的手，我鄭重地朝她許諾。不過一開始，我的車技實在磕磕絆絆，最基本的倒車也倒不好。有一次我怎麼樣也出不來，車子就塞在家門，偏偏家在無尾巷內，更考驗技術。我急得滿身大汗，卻還得耐下性子倒車。此時在家中的父親看我一直出不去，也沒想過來幫我一把，甚至衝出來對我大吼。

「妳搞不清楚左右邊，倒車也不行，還想要開車！」

父親的怒罵讓我心中的怒火猛烈地燃燒了起來。我一向不服輸，父親既然說我不行，我就偏偏要讓他看到我的厲害。於是我開始苦練，就為了讓他刮目相看。

現在想來，我的人生有兩股很重要的動力，促使我不斷往前。一股是

只要以正面的心態看待世界，甚至用溫和的態度與他人互動，
這些溫暖都會以美好的方式，重新回到自己身旁。

拉力，來自於母親，每當看見母親一直幫我，無條件支持我時，我便想要做得更好，希望母親知道她生了一個貼心的孩子；一股則是推力，來自於父親，父親的冷言冷語，以及一切讓我厭惡的行徑，都促使我想要逃離他那端，我不想成為他那樣的人，於是拚命地向前跑。

其實，我對父親不只有純然的憤怒，他畢竟是我的父親，天性讓我總有想親近他的念頭，卻又被父親狠狠地推開；傲氣讓我背離父親，卻不小心走得太遠，再也回不去親密的曾經。

記得當時，我連一句關心的話也說不出來，父親亦然，不願意與我多有瓜葛。

父親曾因心臟問題到我工作的醫院去裝支架。涉及心臟，其實算是十分重大的手術，而且既都到我任職的地方了，照理來說也該跟我說一聲。但他卻什麼也沒說，還是大弟打了電話過來，我才知曉。

「姐，爸爸那邊妳要多照顧啊，畢竟明天他要手術了。」

「啊？什麼手術？」

「妳不知道？爸說他明天要去妳工作的醫院裝心臟支架啊！」

「什麼？他怎麼都沒說！」

畢竟他仍是我的父親，儘管我討厭他，依舊會擔心他是否有什麼病痛，然而自尊讓我無法開口關懷他。我只能趁著工作的空檔，打電話給心臟科的學妹，請她多多照顧父親。我能夠私下請人照顧父親，自己卻跨不出去，連打個電話問候一聲也無法。

甚至他開完刀，我也只是到病房替他看看血壓，跟他講幾句話就出去了。貌似盡了女兒的責任，實際上一點也不恭敬，連關懷都吝嗇給予。

家庭不順就罷，沒想到禍不單行，連原先表現極佳的工作也開始出了問題。

從開始成為護理人員以來，我便一直以高要求來看待自己，也因此表現甚為出色，在職場上也十分受主管賞識。高要求待己，自然也對他人要求很高，如果看到有人能力不好，便將對方貼上豬隊友的標籤，擅自認為他們就是扶不起的阿斗，才會這麼笨。長久下來，便有些驕傲，認為自己很厲害。

也因此，我格外不能接受被批評。

然而自從我調到其他組別，且原先跟我不合的專員變成我的組長之後，我的惡夢就開始了。

「到底會不會做事！」

組長用力拍桌，原本呈上去的資料散落一地，像是我的自尊一般，隨著這一張張的紙片四處紛飛。我不明白，自己一直都以能力上佳而深受主管信賴，怎麼現在不停地被質疑？

每天每天，只要他跟我講話，便是用罵的、吼的，這就算了，他還總覺得我不尊重他，因而對我冷臉相待。我開始懷疑自己的能力，只要回到家，緊繃的心靈鬆懈了下來，眼淚也跟著滾落。我以前不是這麼脆弱的人，但自從換了單位，每天我幾乎都在哭。曾經有一度，我睡不著，腦內是各種自我質疑的念頭。

「醫生，我好累，我已經快一週沒睡了。」

壓力終於壓垮了我，睡眠不足讓我頭痛欲裂，什麼也無法思考。知道繼續這樣下去不行，於是我尋了一個比較空閒的日子，去看了精神科。

「我看過妳做的壓力測試了，」醫生的聲音輕輕緩緩，眼睛直直地看著我，帶著溫和的關懷。「妳有輕度的憂鬱症。」

他開了一些藥，並要我定期回診。我當下有些難以置信，一直以為自己是相當堅強的人，否則又怎能護得了母親？然而藥單上灰色的字映在眼簾，由不得我質疑。

得了憂鬱症，工作壓力也不會減低。我依舊每日哭，只要有人跟我提到工作，精神便有些崩潰。為了走出來，我開始大量閱讀以靈性為主題的書籍，希望能找到一條路走出來。

我用半生的時間，想證明父親的話，
然而或許真的錯得離譜的，是用錯誤態度和父親硬碰硬的我。

然而，我沒找到。每日的折磨卻讓我再也無法忍耐。我去拿了離職單，一邊哭，一邊在上面填上名字、理由。我想離開，我要離開，只要離開這裡，我相信一切的問題都將迎刃而解。

然而字填到一半，打小跟父親對抗養成的逆反心態便竄出來在我面前跳腳。

「我又沒做錯事，為什麼我要離職！」

念頭一旦滋生，便無法輕易打消。傲氣讓我繼續苦撐，苦苦等待曙光來臨的一日。

「婉君，我看妳好像很喜歡看書耶。」

為了尋找生命的出路，我得空便開始看書，期望在書中找到解答，而這吸引了隔壁科主任的注意，他笑著對我開口。

「對啊。」

「我一直有在參加讀書會，妳要不要也來參與？剛好妳愛讀書，應該也會很喜歡的！」

主任熱切而開朗地對我招呼，我一愣，第一反應便是拒絕。他也不惱，一而再再而三地來說服我，最後我才勉強答應。進去後才知道這個讀書會在研讀佛法，然而，我卻沒有退縮。

因為第一堂的討論，便已牢牢抓住我的心。

「每個人的心裡都有三器，汙器、覆器、漏器，我們要試著斷掉他們，這就是所謂的斷器三過。」

再細講一些，器指的是杯子，汙器，便是被汙染的杯子，像是自己早已有了成見，所以話語聽到耳中，自己便會用原有的觀點解釋；覆器則是把杯子蓋起來，像極了摀住耳朵，什麼也不聽；漏器如同杯子有漏洞，怎麼也聽不完整。我就像講師形容的那三個杯子，所以才總聽不進去別人說的話，甚至難以客觀持平地看待事情。

我能學會應用這個觀點的話，是不是，我就能夠知道該怎麼改變自己，進而改變現況？

除了聽到的內容促使我想要繼續學習外，另一個留下來的主要原因是我看到了這個讀書會，抑或是說，這個佛法學習團體的創辦人——日常老和尚的照片。

那不是張特別的照片，但格外溫暖。師父身著袈裟，站在一片太陽花田中，眉眼、嘴角輕輕揚起，笑容燦爛。看著那樣的笑，我的心受到了極大的觸動，只覺得好親切，又覺得，照片中的這個人，就像我心中理想的父親——既能讓人依靠，也能讓人感到溫暖。

這些觸動內心的事物，讓我決定留在讀書會中繼續學習。點滴的學習也漸漸融會於心，一開始，我並沒有天翻地覆的改變，但卻以潤物無聲的速度，展現了我的不同。

一開始，是抱怨的話少了。

自從我買車後，常常載著母親四處跑，旅程的路上，我便會詢問母親與父親相處的狀況，只要聽見父親又有荒唐的行為，我便忍不住怒意地抱怨起來。母親總會有些為難地看著我，我知道她不願意我與父親有這麼多的衝突，夾在中間，她左右為難，但怒意燃燒我的腦袋，讓我難以冷靜。

直到學佛後，我才開始有意識地注意從嘴裡說出來的話，儘管整個人仍是因父親十分憤怒，但抱怨的話卻開始減少了。

與此同時，我也開始學會重新思索與主管的關係。

我一直在想，為什麼我的主管對其他人都很好，唯獨對我，又罵又惡？直到學到了業果的概念，才明白所有的結果，都源於早已種下的因。或許以前我與他也曾結下過什麼惡緣，種過什麼不好的因，才有了今天的

家庭是一個接著一個的齒輪，不能只期望一方的運作，
我若不努力，又怎能強求父親有巨大的改變？

苦果。

本就互動不良，我還遮蔽自己的耳朵，任自己成了一個有漏洞，又狹隘的杯子，導致我們的關係越趨惡化。如果我不能好好跨越這份關係，不學習怎麼改變自己狹隘的狀態，那麼未來，乃至無限的輪迴之中，我都可能持續地痛苦。

我開始學著不頂嘴，努力止住憤怒的心，並拚命地想找到主管的優點，以及想感謝他的地方。一開始，我唯一能想到的一點，便是因為他的關係，我才有機會學習佛法，生命才有了重心。儘管這想法微小，卻讓我像是船找到了錨，得以在湧動的風浪中穩住身子。感激像一桶冷水，每當主管又對著我擺出不屑的臉孔時，便迎頭澆下，冷卻了沸騰的腦袋。

雖然，一直到主管被調到別的單位之後，他仍舊對我沒有好臉色，我卻已經能夠在每次遇見他時微笑地打招呼了。

真正意識到自己跨越了職場的痛苦，是在一次與主管交好的一位主任

的「交鋒」之後。
「妳事情怎麼這樣處理？到底有沒有在動腦？」
劈哩啪啦的指責聲透過電話傳來。脾氣本就比較暴躁的主任，與我的前主管一向交好，所以總想要修理我，如今算是被他逮著了機會，如槍一般的話語劈頭朝我蓋下。
在話筒的那端，我只覺得莫名其妙，忍不住張大嘴巴盯著話筒，一臉呆愣。我不願產生太多的衝突，忍耐地聽他講完，才掛了電話。當時我也已經被升為主任了，想著兩個主管的糾紛總不好這樣瞞著，於是撥了通電話給當時醫療部的副院長，想著知會他一聲。
好死不死，偏偏在我打電話時，主任剛好去找副院長，這便又造成一個誤會，像是我在打小報告一般，於是他氣憤異常。中午在餐廳遇到後，為了發洩，他再度敲起戰爭的鐘聲。
「李！婉！君！」

主任氣呼呼地對著我大吼，然後大跨步朝我走來，我本要送入嘴中的筷子一頓，蘿蔔便從筷子上滾落。

不過呆了幾秒，他便已經來到我的眼前，劈頭就開始對著我痛罵。在人來人往的醫院餐廳，被這樣大聲斥責，讓我感到羞愧，當下真的很想哭，內心翻滾攪動著。若是以往的我，可能早就拍桌起來對罵了，但那刻，我想的，全是不能直接回嘴。

人們的視線如聚光燈般全都匯聚到了我們兩個身上，我深吸了一口氣，平緩地開了口。

「主任，如果我有做錯事情，麻煩你直接告訴我。如果我沒有做錯，我希望你不用要這種態度對待我。」

語畢，我拿起便當，優雅地站起身，走離原先的位置。

當下鎮定，但事後想來，卻緊張難耐，畢竟我每天都會去一樓大廳巡視病房，常與他打照面，今日有這樣的衝突，我下次該用什麼樣的態度面對他？

還沒有個定案，我便遠遠地看到他朝我走來，主任頭低低的，並沒有注意到我。看著他的臉，當下，我湧起了一個想法，如果我們兩個眼光對上的話，我一定要跟他打招呼！

於是在他抬起了頭的那刻，我揮著手，帶著大大的笑容，朝氣十足地對著他喊：「主任早安！」

主任腳步一頓，臉上盡是驚訝。像是極不明白這個昨天剛被罵過的人，今天怎能這般厚臉皮地打招呼。他看了我一眼，既不回應，也沒多說什麼，低頭便走入門診。

一而再地釋出善意後，主任對我的態度也不再像以往一般強硬。甚至在我識別證掉到地上時，還會溫和地提醒我撿起來。

原來，只要以正面的心態看待世界，甚至用溫和的態度與他人互動，這些溫暖都可能以美好的方式，重新回到自己身旁。更甚者，就算別人不

不斷嘗試和父親對話，停止互相攻攻訐的人生，
我才慢慢理解父親包裝在惡劣脾氣下，那顆沒自信的心。

理我，我還是要以溫暖的態度與他人相處，不該以他人給你的反應作為評斷自己行為處事的標準。

這樣的思考，讓我的心不知不覺變得更加柔軟，也開始有了餘裕，重新檢視與父親糟糕的親子關係。

我能與沒有血緣關係的同事好好相處，甚至就算有人對我惡言相向，我也能夠穩住自己，為什麼我對於生下我的父親，卻總惡言以對，甚至連好好吃頓飯都困難？我一直嚮往有一個溫暖的父親，卻不曾對父親釋出善意，只是一味地索求。無怪乎他對我從不假辭色。

為了避開父親，以往我可說是無所不用其極，比如每年父親節，我一

定會出國，只因為不想替他慶祝，也可以不用苦思該送他什麼。母親看不下去，總忍不住對我碎念。

「父親節要到了妳不表示一下嗎？」

「我不知道要怎麼表示。」

我忍不住噘起嘴，默默嘟囔著。有什麼好送的？既然他不曾履行過一個父親該做的事情，那我為什麼要成為一位貼心的女兒？

甚至過年要包紅包的時候，我還會考核父親的表現，斟酌著給錢。我若覺得他表現不好，便會從原定的基準點開始往下扣；覺得他好像有進步，便勉強幫他加一些。連祝賀都弄得如此不情不願。母親哭笑不得，父親則憤怒不已。

現在想來，我這樣敷衍的態度難道是對的嗎？難道父親真的有這麼不好嗎？

我低頭，絞盡腦汁地想搜索出他是否有萬分之一的優點。

唯一想到的，只有一件事——至少每次我想帶著母親出門時，父親從不阻攔，只是坐在沙發上，靜靜地看著我們離家。

雖然是很微小的一件事，卻讓我開始思考，或許父親並不像我想得那樣無可救藥。

我用半生的時間，想證明父親的錯，然而在這段關係中，真的錯得離譜的，或許是我。因為我用錯誤的態度，試圖和父親硬碰硬，甚至用惡劣的方式，想強壓父親認錯。

曾聽過如得法師這樣形容家庭：「一個家庭，就像很多的齒輪，有大有小，爸爸就像大齒輪，媽媽像中齒輪，自己是小齒輪。大齒輪要動不好動，一定是從小齒輪開始的！」

家庭是一個接著一個的齒輪，不能只期望一方的運作。若說我便是那個小小的齒輪，是否不該要求年歲已高，甚至早就難以動彈的父親有巨大的轉變？

我不該繼續這樣下去了。

雖然不熟練，我還是試著想要理解父親的想法。父親一直有著較高的自尊，感情的表達也比較彆扭，他不是一個充滿惡意的人，我卻總用最壞的角度去看他。放下希望父親認錯的執著後，我似乎能開始看到真正的父親，並能開始克制自己對父親的厭惡。

甚至，我開始練習關心父親。

「妳最近還好嗎？」

「不都那樣，別擔心啊。倒是妳，工作忙歸忙，別忘記吃飯啊！」

「好，謝謝媽媽！」

我忍不住對著母親撒嬌，話筒傳來母親開心的笑聲，我也跟著彎了彎嘴角，不知怎地，竟想到了父親，隨即沉默了下來。

「婉君？怎麼了？」

「媽……我……我想跟爸說說話，可以嗎？」

皺紋橫跨在他臉上，標示著光陰的流逝。
我們錯過的時光，實在太多了。

「他？」聽得出母親的聲音帶著十足的困惑，畢竟我從來都是一副不願跟父親多說一句話的模樣，不曾這樣要求過。但母親沒有多問，低聲答應後，便去呼喚了父親。

透由話筒，父親的呼吸聲傳了過來，可以感受到他也困惑著我為何要他接電話，更不曉得要與我說些什麼。我們各自沉默了半晌，我才深呼吸，打破了沉默。

「爸……。」

「幹什麼？」

他的聲音聽來有些乾澀，甚至不習慣般地清了清痰。父親跟我一樣，正為了這樣不熟悉的互動模式，困惑不已。

「最近……天氣冷了，想跟你說要多加件衣服。」

「囉……囉嗦！」

父親像是惱羞成怒一般，大喊一聲便掛掉電話，我卻反而笑了出聲。

與父親和平的對話沒我想得那麼難，不知為何我要掙扎三十多年才學會。以往我跟父親何曾有過這般溫馨的對話？通常止於怒吼，或者冷笑，我甚至只願意給他最低限度的金錢，便裝作已經盡了撫養的義務。

「妳這孩子，懂事多了。」

母親對著我笑。我知道她一直都很擔心，儘管她也很生氣父親的行為，總歸還是看不下去孩子一直對父親懷抱憤怒，而且每當我們有所衝突之時，她站誰那邊都不是，左右為難，只能嘆氣。

「那當然，妳不看看我都幾歲了。」

我有點害羞地搔了搔頭，母親則寵溺地抱了抱我。正當我們母女開心地談天說地之際，父親從外面走了進來，拖鞋啪嗒啪嗒地響。他看了我們一眼，又垂著肩膀往房間走去。

「爸！」

「幹嘛？」

我忍不住大聲叫了他一聲，父親停下了腳步，有些彆扭地回應我。我已經漸漸習慣父親那張因為尷尬而顯得有些不知所措的臉，甚至感到有些可愛。

「我買了茶葉給你，放在你床頭櫃了！記得拿去喝喔！」父親一向愛喝茶，這次回來，我便刻意買了茶葉想送他喝。聽了我的話，他又僵硬了半晌，才輕聲地回道：「知道了。」

不斷嘗試著與父親對話，停止互相攻訐的人生，我才慢慢理解父親包裝在惡劣脾氣下，那顆沒有自信的心。他曾有的雄心壯志，在現實的重擔下，縮成了小小的一團。

關心久了，父親也開始軟化，而真正開始改善，或許是在一次陪他去看醫生的過程，他開始感受到我是真的在關懷他。

「妳如果沒空就去忙，不用管我。」

「沒事，如果真的有急事，同事會通知我的。」

父親有些不自在，揮著手想趕我走，我只是笑了笑，依舊站在父親身邊。這是很神奇的感受，以往我不是這樣的，知道他生病，即使關懷也不願意表現，將自己拘在憤恨的牢籠中，既不願意正視自己的狀態，也不願意往父親靠近一步。

當我不再執著於要父親認錯，不再執著於理想中的父親，並試著用父親的角度看事情，我終於能夠開始理解父親為何有那樣的表現，甚至能夠開始對他付出我的關懷。

我低頭看著坐在椅子上，等候到號的父親，他的肩膀微微塌下，整張臉不再是記憶中嚇人的模樣，反而已有了老態。皺紋橫跨在他的臉上，標示著光陰的流逝。我們錯過的時光，實在太多了。

這是一杯等了四十年的熱茶，
也是一份遲了四十年的溫情。

「我回來囉！」

停好車，我走入熟悉的家門，母親正在廚房煮飯，食物的香味瀰漫，勾起了我的食慾。把提回家中的禮品放好，我蹦蹦跳跳地走到母親的身後。今天我請了朋友來家裡作客，很會煮菜的母親此時正大顯身手，要讓大家飽足而歸。

放在餐桌上的螞蟻上樹的香氣誘人，我吞了口口水，撲上去抱住母親。母親被我的動作拘著，因而有些難行動，她抬手在我環抱著腰部的手上拍了一下。

「媽，好香啊！我能不能吃一口？」

「別鬧。出去等吃飯！」

「喔……爸去哪了？」

剛剛進家門時，我看過客廳，一般都在那兒的父親今天並沒坐在沙發上，不曉得是不是又出去散步了。

「他剛剛說要泡茶，可能去拿茶具了。」

母親的聲音不大，帶著對我的寵溺，我用力地再擁抱一次母親，走回客廳。父親不知道是什麼時候回來的，正打開紫砂壺準備放茶葉，我瞄了一眼，是我買的茶。他看見我的身影，手忍不住一頓。

「回來了？」

他的聲音淡淡的，沒了以往的尖刺。

「恩，等等還要出門接朋友。」

我笑了笑，父親則抿了抿脣沒說什麼。泡開的茶香開始跟母親的飯菜香角力，爭奪著佔據客廳的味道所屬權。正當我看著時鐘期待的時候，父親將一杯茶放到了我眼前。

「喝吧。」

父親沒看著我，死死地盯著茶壺，像是要從裡面看出些什麼道理。這是父親第一次泡茶給我喝，我知道，他不習慣。

「爸……。」

「快喝，喝看看味道好不好，等等妳朋友來，我再幫你們泡一壺。」

父親的表情有些彆扭，聲音也大了起來。我端起茶，眼角卻不自覺地變得濕潤。

這是一杯等了四十年的熱茶，也是一份遲了四十年的溫情。

長成一株生了根的浮萍

石尚瑛　文／李箏

當大地上都是荊棘時，不需要去剷平這些無盡的阻礙，只要穿一個有厚鞋底的鞋子，就可以安心地踏出去。

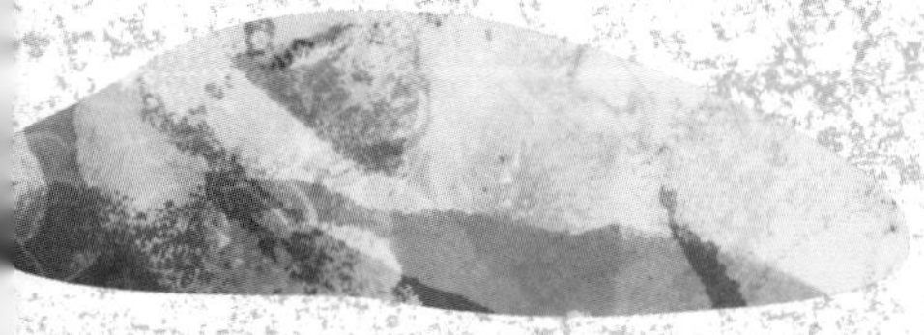

我一直覺得，自己是無根的浮萍，順著水波流動，
因此無法在一地停留太久，也無法紮根。

依稀記得，那是個有點陰暗的夏季，我和傑夫站在海邊一同眺望那翻飛著浪淘的沙岸。不遠處，兩個孩子追逐著彼此，發出喜悅而高亢的尖叫，他們奔跑的腳印在沙灘上蜿蜒，隨後被破碎的浪花打回海中。對比孩子們的興奮，我和傑夫之間實在太沉默了，靜得像是有個黑洞在我們之間，吞噬了所有聲音。

海水獨特的鹹味喚回了我的意識，我向左看了看傑夫，再度將視線移向大海。

「傑，我突然覺得，我如果死了，好像不錯。」

如果我死了，公司替我保的保險會讓我們家拿到上百萬的保險金，所有金錢的問題都將被解決，這樣一想，死亡似乎並不是件壞事。想到再也不用被金錢困擾，讓我的語速忍不住地變快，我太想解脫了，於是不管不顧，也沒想過一向感情甚篤的丈夫聽到這些話會有什麼反應，只是倒豆子般一股腦地將所有的想法說出來。

「我死了的話，保險公司會給我們很多錢呢，這樣家裡的經濟壓力就消失了。你生活能照樣過，而我也省了剩下的人生，我們都可以不用這麼辛苦。你說呢？我真的覺得我死了的話，其實挺好的。」

話語傳回耳中，我的聲音聽起來如此平靜，毫無不捨。我聽過一個說法，哭著鬧自殺的人，其實並不想死，那些一如往常，平靜地與人相處，甚至打鬧嘻笑的人，才是會默默自殺的人。我正是那樣，冷靜卻絕望。

我的話語被海風捲走。放眼望去，只見水藍的天空、無暇的白雲，天際銜接碧綠的大海，海面上湧起陣陣波浪，一波波碎在沙岸上。岸上，我們的孩子面對面，一起彎腰挖沙，我不自覺拿起手機，平靜地拍下孩子們的身影。我也不知道自己為何突然這樣做，或許是想在記憶裡留下他們的模樣，作為我在這個世界上最後的留念。

直到我聽到浪花碎在沙地，孩子們起身尖聲大笑的聲音，我才確認似地朝傑夫望去。這一轉頭，竟對上傑夫鐵青的面容。我當下不明白他為何嚇成這樣，但看著他的臉，我漸漸恢復理智，驚覺自己說了一個十分可怕的話語。

我本以為自己的心被現實折磨後，已經痛得麻痺，但是，看到傑夫表情的那一剎那，我的心又陣陣抽痛。

我到底在做什麼？我告誡般反問自己。我怎麼能對一個這麼愛我的人說這種話？再怎麼痛苦，我都不該往那條路走啊！

強勢的海風吹來，我的雙耳嗡嗡作響，腦袋更是一片空白。

那天晚上，我們在海邊吃飯。傑夫利用鐵桶升起營火，而我拿出事先準備的食物，一一排列到桌上，方便大家拿取。孩子們看到棉花糖，相當興奮，立刻串起數顆，一個伸長了手負責烤，另一個則拉長脖子，注意棉花糖表面的變化。

我和傑夫坐在一旁看著，夫妻間再次瀰漫沉默，我沒說出自己的反思，暗自因為內疚感到尷尬。我想孩子們一定有察覺我們的不自然，但他們很貼心，沒有對此發出疑問。我心有疙瘩，時不時偷偷觀察傑夫，他的臉龐被營火照得通紅，臉色相當平靜。

我卻不曉得該對他說什麼。

我知道自己不該說那些話，但升起的心情卻也不假，只能任沉默無盡蔓延。

我一直不是悲觀的人，會脫口說出「死」一字，實在是迫於無奈。以前從未想過，我會被金錢的重擔壓得抬不起頭，甚至想一死了之。瀟灑恣意這四字一直是我奉為圭臬的人生態度，山不轉路轉，哪有什麼事會困難到過不去？

低下頭，我注視搖曳的營火，我知道，自己必須改變，必須找回以前的那個自己。

真正重要的，不是我們在物質中得到什麼，
而是這段關係中，彼此是否快樂，能否互相扶持。

我一直覺得，自己是無根的浮萍，順著水波流動卻沒辦法在一地停留太久。從小到大的經歷，讓我無法紮根，無論對人對事始終像是個局外人，客觀而理智，卻少有情感的連結。

我的父母都是教授，為了研究，他們常常從這地跑到那地，出國工作更是常態，往往一出國便是好久，為了能就近照顧我，他們選擇帶我過去，於是我小學二年級便隨著父母到美國生活。

剛過去的時候是很惶恐的，到了一個自己毫不熟悉的地方，實在不曉得該怎麼重建自己的交友圈，更別提從小說中文，此時一朝到美國，一句美語也不會說，當下真是無助到不行。幸好小孩子學習能力強，父母又特地讓我去補語言、去圖書館讀書，久了竟也完全融入美國的生活，講得一口流利的美語。

及至我好不容易融入美國生活了，四年級卻又跟著父母打包行李回臺灣，這下面臨過的問題再度回到我的面前——兩年沒用中文，全都忘光光了，連國字都不會寫。更別提文化的衝擊，讓我得苦苦適應。

而這樣的搬遷，更不是一兩次的事情，往往我剛習慣一地的生活，就得拋棄現有的一切往異地發展，性格上自然變得豁達，因為我明白了一件事——執著是沒用的。

不管是多好的朋友；多喜歡的玩具；多在意的關係，搬家時通通得放棄，精簡到兩個皮箱，就要把一家的行李全都囊括。所以執著有什麼用呢？沒有什麼是能真正緊握在手中的。再怎麼樣掛心，只要轉了學、搬了家，人事物都將被拋在時光的洪流中，再也拾不回來。

我也找不到自己的定位。我是臺灣人呢？還是美國人？我似乎只是不停地漂泊，無根似地四處遊走。在外人看來，我的個性十分瀟灑，只有我知道，自己只是用隨興的態度拋棄痛苦，然而真的面對問題時，我並不曉得自己該怎麼處理。

高舉瀟灑的大旗，讓我與他人的關係變得更加疏離。將文化差異當成理由，我過得恣意、灑脫。而我有很多朋友，卻沒有一個人可以知道我的全貌。

我自己過得自在，有時卻成為他人困擾的原因。

「尚瑛，我們放學要去吃漢堡，妳要不要一起去？」怡君拍了拍我的肩膀，當我回過頭，她瞇著笑眼問我。歸國學子在學校還是挺少見的，也因此很多人喜歡聽我講那些在美國的點點滴滴，在美國待久了，我倒是很會同他人聊天，很快便讓許多人將我引為知己。

「嗯？不了吧，我等等要直接回家。」

相較於怡君的熱絡，我顯得有些冷淡，倒不是因為討厭她，只是我不習慣這般親密。

「好可惜呀……還是我們改明天？」

「不用，妳們自己去吧。我不是很有興趣。」

撥了下頭髮，我回以一個笑臉，怡君似乎很困惑我的態度為什麼與以前不同，唯唯諾諾地應了聲好，便結束了對話。

我喜歡與人互動，卻又不習慣過近的距離，只要有人試圖跨越我的警戒線，內心的雷達便會大聲疾呼，喚著我離得更遠些。我看得出他們因為我的冷淡而困惑，卻也懶的解釋，他們躊躇的表情更不會讓我掛心，甚至覺得有些奇怪。

我在美國時大家強調獨立自主，但回國後，每個人似乎都想建立一個自己的小圈子，渴望人際的連結。我不懂，也不想懂。

這樣隨心所欲的個性從求學時代一直延伸到了職場，仗著自己能力好，所以上班只要一有不順遂的地方，我就換工作，一家換過一家，卻沒

自己只是用隨興的態度拋棄痛苦，
然而真的面對問題時，我並不曉得該怎麼處理。

有一家能讓我安定。

無往不利的工作讓我有許多餘裕可以做自己想做的事情，秉持著多學一些額外知識的心情，我開始學起了佛法。不過並沒有因此改變自己的認知，依舊活得瀟灑、恣意。

我始終是浮萍，沒有根的，只能隨心意的浪潮浮動，直到遇見傑夫，才第一次感覺自己上了岸，生了根，從水生植物成了穩健而紮實的樹苗。

生於美國的傑夫是個很風趣的人，身材高挑，長相俊俏，一頭金髮，配上灰藍色的雙眼，十分帥氣。用膚淺一點的語言形容，他就像是童話故事中會出現的白馬王子那般迷人。

第一次遇到他是在同事的辦公室裡，他挺拔地站著，高大的身影吸引了我的注意，視線掃過去，一眼便能看到他。

「嗨，妳好。」

他伸出手，對我笑了笑，那隻伸出來的手很大很厚實。我也不扭捏，報以笑容後回握。

「很高興認識你。」

傑夫的手很溫暖，像是他的人一樣。

原本以為只是萍水相逢，沒想到傑夫卻開始熱烈地追求我，這讓我有些愕然。當時的我因為前幾段的感情，心上早已傷痕累累，只覺得一個人日子也能過得很好。所以一開始，我不願意跟他有進一步的關係。

「拜託，傑，你小我六歲啊！」

我不敢置信，常常潑冷水般這樣對他說，希望能讓他明白我們之間是不可能的，但傑夫不為所動，依舊追得很認真。他的真摯漸漸打動了我。開始交往後，我們的互動也越來越好。明明沒說什麼，但很神奇的是，他就是能理解我想說的。

我有種預感，冥冥之中，我們是注定要在一起的。我們兩個的交往十分樸實，不會因為節日來臨而特別去送花送禮。說來是不浪漫，卻格外地踏實。

傑夫曾說過：「愛情就是一起過活，然後製造歷史。」真正重要的從不是我們在物質中得到了什麼，而是這段關係中，彼此是否快樂，是否能互相扶持。

以前的我是個浪漫的人，認為愛情便是無論那人在哪裡，就算在天涯海角，只要我愛他就好了；傑夫卻不這麼認為。我還記得交往不久，本來公司計畫讓我調職到美國東岸上班。我以為傑夫會支持我，但他卻對我說：「妳去的話，我們就不要交往了。」

傑夫不是要阻止我做自己想做的事情，但他認為，兩個人的交往就是為了「在一起」，如果我們無法在一起的話，又為什麼要交往？

我當下有些震驚，卻也被深深打動。我感受到傑夫是真的想要踏實地和我在一起生活。

於是後來，我們便結了婚，共組了家庭。蜜月旅行時，我更加確定，傑夫就是我不斷追尋的，那個能給我安全感，懂我的男人。

蜜月的時候，我們請了三天假去拉斯維加斯度假，回來的車程，我坐在副駕駛座上，凝視著綿延的公路，心中竟湧起了一種奇妙的情緒。不知道是因為這次的旅行標誌了我們關係的改變，抑或是對於婚姻生活的未知導致我的情緒起伏，我就是覺得，好像哪兒怪怪的。

「傑，」我看了他一眼，他的側臉在陽光的映照下閃閃發著光。「我總覺得好像怪怪的。」

我沒有解釋什麼，傑夫卻能夠理解我，他沉默了半晌，才開口道：「我想，那是因為我們都關上了一扇門，所以覺得怪怪的。」

聽著傑夫的回答，我明白，他是懂我的。我和他一直都認為，結婚之後，便沒了退路，或許有的人認為還能離婚，但我們卻一致認為，如果還有選擇，那結婚便沒有意義。所以，離婚不曾在我們的選擇之中。

傑夫不過一句話，卻將我們共同的想法道了出來，讓我深深地嘆了口

我們放任自己懷抱自己的苦，
縱容苦楚在累積中成為一片泥濘的沼澤。

氣。這個人與我的想法這麼相像，真的讓我有一種安全感。

我不再是無根的浮萍，而是終於落了地，生了根，和傑夫一同在美國這片土地打拼。

一開始，婚姻生活是十分幸福的，尤其我們第一個孩子出生時的大環境很好，生活十分有餘裕。

兩年後，我們迎接了第二個孩子，並在我任職的公司附近買了房子，雖然因為多一筆開銷而導致我們的經濟狀況變得比以往拮据，但為了迎接更好的生活，我們相信這是值得的。殊不知，不久後社會迎來了金融海嘯，原來幸福的幻象瞬間被沖破。

金融海嘯來襲，許多人因此被裁員，傑夫便是其中之一。一開始，我相當樂觀，認為傑夫能力優秀，一定不久便可以找到工作，只要我稍微擔一擔，家裡的狀況很快便會回穩。但不曉得是傑夫個性內向，還是不擅言辭的原因，每次以為十拿九穩的工作，總是與他失之交臂。

我不想催他，但不能否認的是，每每下班回家，推開家門前，我都期待傑夫能帶來好消息。內心的急躁，卻從來沒有終結，每每打開門，看到的依舊是傑夫沮喪地坐在沙發上的模樣。

這兩年來，失敗太多次了，讓我連安慰他的話都說不出來。我已經不知道還能說什麼，總覺得說什麼都是多餘。

「傑，我回來了。」

「嗯……很抱歉，我還是……。」

我們沉默著對望了許久，最終我嘆了口氣，趨上前給他一個擁抱。那一夜，我們都努力假裝沒事，但我能看出傑夫已然身心俱疲。

我有些無奈，卻也感到罪惡，自己該是最相信他、給他力量的人，怎麼現在的我卻連一點鼓勵的話都說不出口？我告訴自己，無論傑夫再怎麼灰心，我都要在背後支持他。美國這麼大，只要傑夫努力，一定會找到工作的！

我樂觀的想法沒有得到回報。

有一天，我赫然發現傑夫的狀況不太對勁。日復一日，傑夫不帶小孩，也不做家務，整個人投入電玩之中不可自拔，求職一事，似乎也被拋在了腦後。或許，屢次受挫的經驗早已打擊了傑夫的自信與自尊，讓他想躲進遊戲裡逃避現實。

儘管我想告訴自己這些都是暫時的，等傑夫找回自信，他自然會想再去求職，然而，我的理智卻告訴我，要等到這一天太難了。一個巨大的責任感迎面而來，我明白現在這個家只能靠我了。直到這時，我才回頭檢視這兩年來的開銷。猛然發現，自己一直以來都太過樂觀，消費模式從未改變，殊不知，我們早已透支，再繼續如此，整個家都會撐不下去。

認清現實後，我開始努力節流。原本，每個月都會選一個週末全家一同出遊，還讓兩個孩子去學鋼琴，為了減輕壓力，這些活動都只能減少次數，或者直接取消。這還不是最糟的情況，後來，金融風暴再襲，我不得不再壓低開銷。

為了金錢斤斤計較，讓我的壓力大得無以復加。雖然傑夫真的很愛我，也對現在的狀況心懷愧疚，我對他的愛也讓我願意為他勞累，但生活實在是太苦了，苦得難以忍受。我們美好而平靜的生活，早已因為海嘯消失無蹤。

我更喪失了隨意轉換工作的自由，為了家計，再多的不滿都只能咬牙撐下去。我就像戴上了孫悟空的金箍圈，只要想反抗，現實就會立刻詠唱緊箍咒，警告我不准衝動，否則後果不堪設想。

和傑夫在一起後，我便生了根，而這牢牢盤據在土地的責任讓我再也

當大地都是荊棘時，不需要去剷平這些無盡的阻礙，
只要穿一個有厚鞋底的鞋子，就可以安心地踏出去。

回不到曾有的灑脫。我不知該怪環境還是該怪傑夫，只知道自己快要受不了了。

在美國生活久了，我沒有男主外女主內的觀念，甚至能對那些傳統家庭中扛起家計的丈夫感同身受。一開始我以為就算自己要擔待全家生計，也不至於有太多怨言，但每每看著傑夫動也不動地坐在電腦前玩遊戲，就覺得有些不開心，怨言開始悄悄醞釀。

「你可不可以幫忙洗一下碗？」

有次飯後，看到傑夫又跑去玩電玩。我終於按捺不住地對他發火，這是結婚來我第一次口氣這麼差，然而他卻一言不發，也無意起身，我只好又說了一次。我認為自己扛著家計，回家又要帶小孩，現在要求傑夫幫忙洗個碗並不過分。但他依然充耳不聞，繼續玩遊戲。

我本就不是會大發脾氣的人，無數的怨言壓在心底無法發洩，最終還是只能嘆口氣，凡事親力親為。可是，這些小事在生活中反覆上演，讓我

總想叨念幾句。人常言不吐不快，但事實證明，說了也無法改善什麼。一次次的，苦楚越積越多，從肚子滿到喉嚨，漸漸的，我連叨念都沒有了，只剩一片沉默。最終，我們放任彼此懷抱自己的苦，縱容苦楚在累積中成為一片泥濘的沼澤。

我們也不是完全沒有爭執。當我無法繼續承受，我便會傳訊息給傑夫。我自認擔負最多壓力，發洩心情也比較理直氣壯，雖然不會明言指責，但我的疲勞與怨懟在字裡行間表露無遺。

有次，我受不了家裡的氣氛，甩門而出，卻越想越氣，站在路邊便開始傳簡訊給傑夫。他大概也不知道該怎麼回覆這些簡訊，所以什麼回應都沒有。這讓我更加生氣，簡訊不斷地打，內容也漸漸從埋怨轉成怨懟。情緒驅使下，我憤恨地傳了一句：「我希望我們下輩子不要再見到彼此。」

幾秒鐘後，傑夫竟回信了，這反而讓我有些錯愕。點開一看，才發覺那不是傑夫傳的，而是孩子們。

「媽媽，妳不要再講了，爸爸一直在哭。」

孩子們制止了我的行動，那一刻我覺得後悔，也知道自己說得太重。我並不是不愛他了。但生活真的太難受了，讓我不曉得該如何是好。

這幾年，傑夫掉入自卑與內疚的沼澤，我則陷入疲勞與哀怨的漩渦。我實在自顧不暇，連抽出身，關心一下傑夫也很困難，因為身陷漩渦的我若不掙扎，便會活活溺死。可是，兩年多過去了，不只是手腳已經開始不聽使喚，連我的心都累了。

我不明白自己在堅持什麼，如果說一切的痛苦都是因為錢，那麼是不是只要籌出錢就可以解脫了？

我開始絞盡腦汁想著怎麼樣可以籌到一筆讓我此後無憂的金錢——不知怎地，我想到的是公司為員工保的生命保險。

我忘記自己是在什麼樣的狀況下開始查看，只記得回過神時，正獨自坐在房內，周遭一片漆黑。床頭的夜燈照亮了我手裡的保單，我一條一條閱讀。然後眼神停滯在合約中間的文字，上面寫到我若死亡，可以拿到我薪水六倍之多的保險補償。

六倍啊，只要我死了，這個家就能拿到上百萬。照我們現在的經濟狀況，我存一輩子都沒辦法給他們這麼多錢。許是被錢蒙了心智，我開始思索，是不是我死了，一切就能好轉了？

終於在一次海邊露營的行程，我忍不住對傑夫脫口而出：「傑夫，我突然覺得，我死了好像也不錯。」

看著傑夫痛苦的表情，我也覺得很難受。我怎能讓一個這麼愛我的人這般痛苦？我不能再繼續這樣下去了，人生這條路不該這樣走。

煩惱是不會停的，
除非我能改變自己的心。

我開始積極想要改變。當下來到我腦海的，竟是學了十年之久的佛法。這麼多年的時光，我的佛法學習只是馬齒徒長，什麼也沒進到心中。也許是因為我始終將其當成學問，沒有覺得這些學習是有用處的。如今真的面臨困境，心境需要改變之時，學過的種種才再度回到腦海，許是現實的磨難終於與學習的內容重合，我終於開始有些感悟。

既然已無路可走，無法可想，不如試試看將佛法的學習運用到生活中。於是當下開始學著祈求，希望能找到一條可以走的路，並藉著祈求穩定自己的內心。剛好在那時候，我聽了真如老師講授忍辱的課程。課程談的是在面對問題時，先別起衝突，而是應設法平息內心當中的不喜，再用更平靜、更聰明的方式來解決。

記得真如老師用《入行論》的一個比喻：「何須足量革，盡覆此大地？片革墊靴底，即同覆大地。」來講解對境要如何防護自心。當大地上都是荊棘的時候，不需要去剷平這些無止盡的阻礙，相反的，只要穿一個有厚厚鞋底的鞋子，就可以安心地踏出去，可以走遍天涯。心也是這樣，如果沒有正確地認知到自己的狀態、沒有正確的思維模式，用慣常的態度向外衝去，只會因那些內心的不諒解而傷痕累累。

關鍵在於，改變思路、守護自心。

我一直將我的苦樂與外境掛勾，認為痛苦是因為我沒有錢，以為自己是因為丈夫無所事事的模樣才生氣，進而總用不好的語氣對待他。但所有的問題，都不是那麼簡單便可以論定的，再者，難道丈夫開始工作，賺了很多錢，我便能從此幸福快樂嗎？

煩惱是不會停的，除非我能改變自己的心。

而對傑夫來說，我又何嘗不曾帶給他痛苦？我們同樣都是在苦惱中浮沉的人們。我想起當我說出自己或許死去比較好的時候，傑夫那慘白的臉色，是的，他也是痛苦的，然而我卻因為太過關注自己的喜樂，忽略了外在，甚至舉起了言語的武器傷害他。

這些反思的想法讓我能試著平緩每次看見他便升起的厭煩，能試著不要在每次情緒勾動自己時跟著起伏。

一直以來我總是覺得自己相當辛苦，不明白傑夫為何不體諒我，然而傑夫同樣有自己的難處，也渴望他人的諒解，我們各顧各的心，才導致今日的痛苦。我明知傑夫內疚自卑卻沒有真正支持他，所以我們才會越來越無話可說。

我想要更加關心傑夫的心，因為我愛他，所以我希望他能快樂。我開始學著觀察。我想，傑夫一定也不願意這般生活，否則他當初不會去找工作。然而為什麼他現在會變成這樣？是什麼原因束縛了他？

我開始回想那些生活中的小細節。

從最簡單的洗碗，其實便可以看到傑夫是個敏感的人，如果是我，看到碗盤堆積如山，拉起袖子、拿起海綿，我便會朝碗盤進攻；傑夫不然，他總是翹著小拇指，小心翼翼地擦洗，因為他很害怕碰到油，不喜歡那油膩的感覺在手上殘留。

很多對我而言理所當然的事情，其實對他來說是很辛苦的。套用到工作也是這樣，我認為面試是去展現自我，傑夫則不然，總要準備、打理很久，甚至得面對一而再的感謝函。

我終於明白，我們都有過不去的坎，只是那個坎不同。既然如此，我又怎能輕視他的那道坎，怪他跨不過去呢？我自己明明有更多的難關在心頭尚未跨越，我哪來的底氣去責怪他？

思考過後，我再看到傑夫時，那如潮水般不斷湧來的痛苦似乎已經漸漸褪去。

記得那天特別辛苦，同時有許多專案要處理，好不容易把工作完成時，我已經累得無法多加思考。回到家中，傑夫又在玩電動，若是以前，我會因為心理不平衡而抱怨幾句。但那時，我雖然還是生氣，氣的卻不是傑夫，也不是氣工作繁重，而是對於內心的這份「苦」感到憤慨。

我終於明白，我們都有過不去的坎，只是那個坎不同。
既然如此，我又怎能輕視他的那道坎，怪他跨不過去呢？

我不知道自己如何做到的，可是，當我察覺時，內心的滯礙豁然開朗。是啊！我深愛傑夫，也願意為了他努力。真正讓我不滿、把我逼得快要窒息的，並不是傑夫或工作，而是心中的這份苦。

我望著傑夫，雖然圍繞我們的，依舊是沉默，我卻透由傑夫的背影看出了孤寂，或許，他的內心也同我一樣，正被心中的苦所折磨。

那一刻，我的思緒如此清明。傷害我與傑夫的苦楚，不該成為我們之間無法跨越的鴻溝，而是我們應該攜手面對的存在。我跟傑夫，從不是敵人，而是戰友。

如果將生活比喻成程式，那麼在此之前，這個程式運作時總會出現很多的問題，而這些問題怎麼都解決不完。我不能放棄這段程式，卻長期心煩意亂，生活被搞得烏煙瘴氣。可是這一天，我忽然發現，這些問題的源頭都來自於一個錯誤編碼，現在，我只需要將它清除即可。

我走到傑夫身旁坐下，輕輕問道：「傑，我問你喔，你很喜歡打電動但又覺得心理有疙瘩，沒辦法打得很暢快，對吧？」

大概是因為我的口氣不只不憤怒，反而有些興致勃勃，讓傑夫有些困惑。他從螢幕上看了看我的倒影，又低下頭，顯然不知道是否該回答。然而我只是露出了笑顏。

「你看，我在外面很辛苦、很不快樂，你在家玩遊戲也不快樂，這樣不是很不划算嗎？傑，我們是兩個人耶！既然是這樣應該要有兩倍的快樂才對啊！我要工作，沒有時間享受的快樂，就由你幫我達成，好嗎？你要玩就要玩出兩人份的快樂！」

我越說越激昂，彷彿這是一場有趣的遊戲，而我正在給玩家傑夫一項特別的任務。

不知道是因為我態度轉變過大，還是因為這段話不符合傑夫的思維邏輯。他震驚地望著我，那個表情顯然是在問我：「妳知道自己在說什麼嗎？」

「我是認真的，傑。我希望你能開心地過每一天，不要被心中的苦束縛。」說完，我緊緊地擁抱傑夫。雖然我那時非常疲憊，但心情卻非常輕鬆。就像自己終於找到方法擺脫漩渦，雖然需要費盡千辛萬苦，但上岸之時，我能攤在沙地上，大口大口地呼吸。

我永遠記得，放開傑夫之後，他臉上訝異又感動的表情。或許，這個擁抱也能將他心中的泥淖撥開，並把他從沼澤中救出來。

一開始傑夫是很困惑的，感覺十分忐忑不安，但隨著互動日多，爭執日少，傑夫開始明白，原來我是真心希望他能玩得快樂。或許是我改變了，所以傑夫不再封閉自己。當我需要他幫忙時，傑夫也比以前樂意效勞。一段時間過去，無論是做家務還是顧孩子，不需要我的提醒，傑夫便會自動自發地做好，讓我可以沒有後顧之憂地專心工作。

我們家漸漸找回了原來的快樂，笑聲漸生，傑夫原先鬱結著痛苦的臉龐開始舒展，那些陰暗的氛圍被驅散。我不再向外尋求青鳥，因為幸福，就在身邊。

我也不再想回到漂泊的生活，我現在紮根於土地，在佛法的灌溉下，正努力成長中。

隨著傑夫重獲笑容，我的壓力也消除許多。心有餘力，對工作的態度自然也漸漸轉變。雖然工作不如玩樂有趣，但是否可以轉苦為樂？我不想再視不能換工作為苦了，哪裡沒有苦呢？只要心有痛苦，處處都是苦海；同樣的，只要心有快樂，則處處是淨土。

我想找到身為程式工作者的快樂。就如同傑夫攻略遊戲一樣，我要攻略程式，把它當成遊戲，關關難過關關過。

只要心有痛苦，處處都是苦海；
同樣的，只要心有快樂，則處處是淨土。

以前面對工作，總覺得問題繁多，除也除不盡，如恐怖遊戲裡的喪屍般不斷湧上，而我只能疲於奔命。現在，我開始轉換視角，將它們視為好幾道不同的關卡。為了順利通關，有些需要特殊技巧，有些需要組合不同道具，而有些根本只是虛張聲勢的雜兵。

我試著享受生命中遇見的每個難題，不將這些痛苦視為望之卻步的遠山，而是得以攀登、征服的高山，我因此獲得不少樂趣與成就感，久而久之，也不那麼厭惡工作了。

我適應新生活之後，開始思考如何在職場尋求新鮮感。很快的，我發現自己固然無法在公司間遊走，但我能在公司內優游。作為一位資歷與能力兼具的員工，我能成為一條自在的魚，輾轉跟不同小組工作。

最後，我來到設計螢幕鍵盤的小組。若看以往的資歷，我的經驗與此工作根本毫不相關，但因為上級信任我的能力，才能誤打誤撞來到這裡。喜歡新鮮的事物的我，用飛快的速度開始學習，甚至也做出了一些成績。

例如輸入系統方面，我為了方便使用者操作，設計一套輸入語法，可以自動切換符號的全形或半形，也能配合字母與數字的改變進行轉換。除此之外，在月曆系統中加入舊曆也是我們組的設計成果。

人生至此，家庭與工作都不再讓我痛苦，我也做好持續努力的準備，本以為一切就會這麼順利下去，卻沒想到迎來一陣猛烈的風暴。

當時頂頭上司升遷，換了一位年輕的新上司——安娜。她剛從史丹佛大學畢業，相當有能力，寫碼的表現也相當出色，甚至在語言方面的天賦也很高，身為印度人的她只學四年中文，就能和我們以中文溝通，用詞甚至比我們還要精準。

儘管安娜如此優秀，她卻能夠謙虛地對待眾人，與她相處，我感到愉快，我本以為她也有和我一樣的感覺，畢竟一直以來，她都十分肯定我的能力。

沒想到十個月後，她卻突然找我過去面談。

安娜與我來到一間無人的小辦公室，她的面色相當沉重，讓我有些緊張。時間不斷流逝，卻只有沉默縈繞，我只得不斷平復呼吸，在凝重的氛圍中，安娜緩緩開了口：「我很抱歉必須要告訴妳，妳工作的表現不如預期。如果妳不能提高工作品質，我可能要狠下心，請妳離開。」

她的話如同拳擊手的直拳直接擊中我的頭，帶來極度的暈眩。我彷彿聽到腦袋傳來「轟」的一聲，所有思緒亂成了一團。在這家公司待了這麼多年，我從不曾被懷疑過能力不足，即使後來上司換成了安娜，我們依舊相處愉快，甚至這十個月以來，她也不曾給我任何批評。怎麼今天卻突然對我迎面痛擊？

我本以為自己重新成為一條優游的魚，眼前的人卻在我面前變出瀑布，急湧的水聲震耳欲聾，我無力攀登。安娜站在瀑布的頂端，冷冷地俯視著我，要我設法自救。

紛亂的當下，我唯一緊抓住的念頭，便是不要與之對立。

學習越久，我越知道如果用對立的態度回應他人，事情只會越變越糟。因為你拿著矛想對付對方，他當然也會用盾予以回擊。所以，不要拿武器向著他人，試著冷靜下來，讓情況不要惡化。

雖然，我的心情確實受到了影響，但現在硬是和安娜或這股難受對立，都不是好方法。我將注意力放回身上，先確認坐姿是否失禮，再看看眼神有沒有流露出怨懟。我認真確認自己表現出來的模樣，希望不要給安娜不好的聯想或誤會。

離開辦公室後，我深呼吸，盡量讓負面的情緒不要堆積，著眼在正視問題，思考如何提升工作效率。可惜，我唯一能想到的只有加班。於是我的工時從每日八小時變成每日十小時。雖然只是兩小時的差別，卻已經違反我當初來這家公司的目的。

我的上一份工作，便是每日需要工作十小時，在電腦前面努力寫遊戲程式。當時，我的孩子才剛出生六個星期，我卻連假日都要到公司工作。

你拿著武器想要對付他人，他當然也會用盾予以回擊。
所以，不要拿著武器向著他人，試著冷靜下來，讓情況不要惡化。

我覺得自己所有的時間都被公司奪走，沒有心力陪伴家人，最終才會選擇離職。也因為那段經歷，我定下一個原則：「即使自己身處高科技產業，即使壓力再大，我都要堅持一天最多工作八小時。」而今要我打破原則，恢復一天十小時的工時，我真的無法接受。

可是，安娜的告知非常突然，讓我措手不及。在時間的壓力下，如果不想離職，似乎只能加班，我不認為自己有本錢瀟灑離開。那時，股票依舊在下跌，房子的貸款也還沒還清，而孩子們正就讀私立學校，每學期都燒掉我大量的金錢。

如果現在失去工作，我們全家是不是就要變成遊民了？

我越想越慌，只能閉上眼不斷祈求。在雜亂的思緒中，我不斷對自己喊停，要自己不要陷入恐慌，而是冷靜下來重新審視狀況。我擔心自己失業，會讓全家流落街頭，但事實上，我並不會因為失業就立刻變成遊民。我開始細算存款與開銷，發現自己失業之後，光靠存款也還能再撐半年。

我不要恐慌，也不要再想著凡事自己扛。因為我還有傑夫，還有兩個孩子。回家後，我與傑夫坦承此事。他很高興我能找他討論，而不是獨自承受。

「傑，我評估後認為房子和學校只能二選一。」

傑夫思考片刻後，很快有了想法：「我認為應該讓孩子繼續就讀這間學校。」

「確實，這個幼教系統對孩子幫助很大，小孩的生長與教育的環境比是不是住大房子重要多了。」

「沒錯，我也是這麼想的。」

經過討論後，我沒那麼慌了，天下那麼大，總有能讓我們安身立命的地方。況且，就算美國待不下去了，或許我們也可以回臺灣，讓孩子經歷不一樣的生活。

「我也可以去教英文。」傑夫補充道。

我們相視而笑。從沒想過，面對這般讓人心慌的境地時，我們還能笑出來。

心平穩了之後，我重新開始思考安娜要我離職的決定。儘管我不想對立，心中的確也有小小的埋怨，不明白十個月的時間，為什麼安娜一句話都不說。然而我卻想起了日常老和尚說過的一句話：「如果問題從對面走來，不要逃走，要面對它，要認真地感謝它。」

如果，安娜帶給我的，正是我想逃離、不想面對的問題，我是否能像老和尚說的一般感謝她？不要充滿怨懟？

我試著以安娜的角度看事情。

安娜一直都很敬重專業，也從不因為她職位高而驕傲，但她做為主管也有需要考量、評估之處，甚至為了公司利益，她也得扮黑臉，說出讓人埋怨的話。而且，安娜一畢業，就到公司當工程師，不過三年的時間就被升為經理，想必壓力也是十分沉重的。

資歷尚淺，她便要承擔整組的業務，更要被上層質問，種種的事情或許也讓她喘不過氣。為了趕上工作量，她只得希望大家能共同努力，偏偏我又不加班，特立獨行的模樣一定也讓她很痛苦吧？

安娜能力超群，如果她認為我工作能力不如預期，不可能需要花十個月來確認。或許，她默默忍了很久，甚至是扛了不少壓力，最終才做出這項決定。

儘管不能說完全放下，但我開始釋然。

隔了一兩天，我找了一個機會與安娜面談，我們再次進入那間小辦公室。她大概是想起自己曾說過的話，表情頓時變得僵硬。我相信她也很難受，她清楚開除我會讓一個家庭失去不少收入，卻必須公事公辦。或許她正在思考，眼前的這位有點年紀的女性是不是打算私下求她，希望能再給她一次機會。

「其實，我是想鄭重地和妳道謝。」

如果問題從對面走來，不要逃走，
要面對它，要認真地感謝它。

我懇切地對上了安娜的目光，微微鞠躬，繼續說：「妳扛了這麼重的壓力，一定很辛苦。我很感謝妳扛了這麼久才告訴我。」

安娜的臉色忽然垮了下來，再也維持不住原先防備的表情，她睜大眼睛，訝異不已，原先緊繃的肩頭頹然地垂下。

「……我從來沒想過，有人被開除會是這種態度。」

「但是，我是真的很感謝妳。我覺得妳肯定也受到了很多壓力，謝謝妳這段時間為我著想。」

她與我對望半晌，小心翼翼地開口：「那、妳……。」

她似乎想關心我，卻又意識到，是她開除了我。看著她為難的臉，我爽朗地笑了出來。

「嗯，我會開始找新工作。謝謝妳。」

再次走出小辦公室，我的心情卻迥然不同，像是陰暗的天氣，終於透出了明媚的陽光。好了！是時候要面對新的關卡了，我該如何找到一份新工作呢？

我仔細評估，發現無論是寫遊戲或是設計面板，寫程式碼終究要面臨工時問題。既然我要堅持原則，那我便不應該再找寫程式的工作。最終，我認為自己適合利用專業知識，成為一名品質保證工程師，在熟悉的領域中參與規劃、測試，確保程式的品質。

才剛開始求職，我就發現目前的公司有開一個品質保證工程師的職缺，而且負責的工作領域就與觸控鍵盤有關。如果能成功申請調職，那就能繼續留在公司，對我來說是再好不過的選擇。於是我跑去詢問安娜。

「我有看到一個品質保證工程師的職缺，不知道我能不能申請？」

「這個職缺其實沒有真的開出來。」

安娜表情有些為難。我們組真的需要一位品質保證工程師，但安娜向公司的申請沒有通過，所以沒開出職缺。

「但我認為我們需要。」

談話的最後，安娜再次強調。當下，我不明白是什麼意思，想說撲了個空，得繼續找其他工作。然而，過沒幾天，安娜卻為我帶來好消息——她告知我不用離開了，轉任我們組的品質保證工程師。

「真的？」

「真的。」安娜微笑道，她和我一樣開心。

「妳什麼都不用動，薪水照舊，辦公室照舊。以後會因為專案不同與不同人配合，但其他都沒有改變。」

開心之餘，我立刻想到問題：「可是，原本不是沒有這個職缺嗎？」

安娜笑而不語，卻讓我頓時恍然大悟。一定是她，是她去和公司各部門溝通的，才有了這次的開缺。雖然當初是她讓我走入瀑布之中，卻也是因為她，讓我能繼續自在優游。

「謝謝，真的很謝謝妳。」我內心激動，不確定自己是不是紅了眼眶，但聲音卻變得沙啞。

「我相信妳的能力，每次除錯都表現很好，妳會是一位很好的品質保證工程師。」

某天，兒子放學回家，不知為何，突然抓著我問：「媽媽，爸爸不用上班的喔？」

一時間，我也不知道怎麼回答。我不希望孩子小小年紀就覺得可以不要上班，只要在家玩遊戲就好，因為傑夫不是沒有努力過。當天，我將此事告訴了傑夫，想與他一起討論。

「傑，雖然你沒有上班，但你有在他們學校帶魔術社，小朋友和家長，甚至連校長都喜歡你。你要不要問看看有沒有機會能讓你在學校幫如果海面風平浪靜，船隻漂流其上縱然安逸，卻也難以前進；
如果海上湧動著狂風巨浪，儘管險象環生，卻也會有動力向前。

忙？」

我以輕鬆的口氣提議，為了不給傑夫壓力，我又補充：「你可以不用拿薪水，只要有一個朝九晚五的感覺，給小孩子當榜樣就好。」

因為不是正式的求職，壓力不大，再加上傑夫這幾年來也逐漸恢復了自信，於是，他果斷地答應這個提案。他把履歷表拿出來整理，幾天後就呈給了校長。

「成功了，我拿到職缺了！」

有一晚我回家，傑夫便衝了上來，給了我一個擁抱。他的手有些顫抖，笑容卻十分燦爛。

傑夫說，這所學校一直在尋找能教小朋友科技知識的人。他們面試很多人，但純科技的人不會帶小孩，普通教師又不懂科技。

「校長那時候說：『我們找了半天，沒想到，學校裡面就有了！』」

傑夫神色飛舞地描述當時的狀況，又說：「結果，我連面試都不用就得到了工作。以後我負責教小朋友科技知識，也負責學校的科技管理。」

「傑，你真是太優秀了，我以你為榮。」我雀躍不已，回給他熱烈的擁抱。

一切似乎在冥冥之中自有安排，事隔多年，傑夫得到了一個非他不可的工作，而我們的婚姻，也漸漸變得平穩。雖然這幾年的日子，苦的時候很苦，但自從我轉念之後，正念便帶來正能量，事情也越來越順遂。

「七年喔！」我故作嚴肅：「你沒工作七年，現在我要退休了，下個七年就看你了。」

「放心，交給我吧。」

如果海面風平浪靜，船隻漂流其上縱然安逸，卻也難以前進；如果海上湧動著狂風巨浪，儘管險象環生，卻也會湧現無限動力向前。生命也是如此，若非曾有過風雨，又怎有動力前進？

我們的婚姻，經歷過差點讓人翻覆的風雨，卻也因為這樣，向前划出了好大一步。或許，接下來的日子中，我們仍會遇到風雨，但我不再害怕，因為我已經有了挑戰的勇氣。因為我已經有了根，有了力量，不再飄搖不定。

用愛等你緩步前行

劉振宇（化名）

文／廖雅雯

樹木的年輪順應季節而生，河水順應山勢奔流，
揠苗不會助長，強迫只會帶來反抗。

如同我要孩子去學習怎麼和他人溝通，
我自己也需要重新學習怎麼和孩子溝通。

和太太通完電話後，我便前往安親班接睿睿。櫃檯處等滿了家長，有的人西裝筆挺，也有的人隨興地穿著汗衫、腳踩拖鞋。這些本來毫無交集的人們匯聚一堂，都是為了同一個目的——等待孩子結束課程，然後一起回家。我環視面前的男男女女，所有人臉上都帶著濃濃的疲憊，和教室裡頭傳來的孩子的笑聲形成了強烈對比。正當我翹首盼望兒子從教室衝出來的時候，一位女士喊住了我。

我認得她，睿睿常和她的孩子玩在一起。我笑著對她點點頭，然而她沒有露出往常溫和的笑容，反而面露為難地對我說：「睿睿爸爸，有件事我必須跟你說——你知道睿睿之前拿筆戳我兒子的眼睛嗎？」

「啊？」我大吃一驚，連忙道歉。「不好意思，我回去會好好教他的。」

「我沒有要怪睿睿的意思，當然這個行為是不好的。只是我認識睿睿這麼久了，明白他不是一個具有攻擊性的孩子⋯⋯。」

她遲疑了一下，然後說：「睿睿爸爸，我的兒子經由臨床心理師評估後，目前正在樓上的婦幼診所進行早期療育。如果你不介意，要不要讓睿睿和我兒子一起去一趟？我會預約心理師從旁觀察他們的互動，好更了解孩子行為背後的意義是什麼。」

因為歉疚，我自是滿口答應。

她說的診所就在安親班的樓上，是臺北市立婦幼醫院附屬的一個早療單位。由於地點方便，特地過去一趟也不會耽誤多少時間，我於是與她約好，改天兩個孩子下課後，一同過去一趟。

牽著孩子回家的路上，我問他：「你為什麼要故意拿筆戳同學的眼睛？」

睿睿嘻嘻笑地看著我：「沒有啊。」

「沒有是什麼意思？不是故意的？」

睿睿的注意力早已被迎面而來的狗狗所吸引。興奮起來的他，小手開始用力，為了怕他掙脫，我趕快拉緊他，他回頭，一臉疑惑。

我嚴肅地告訴他：「就算是不小心的也不可以，這樣很危險，以後不能再這麼做了，知道嗎？」

看著睿睿懵懂的樣子，我嘆口氣，摸了摸他的頭。我想孩子還小，做父母的好好教就是了。我以為睿睿只是特別活潑。男孩子不都這樣？總是跑跑跳跳，好像一刻也靜不下來。所以當心理師建議我帶孩子去大醫院做進一步的檢查時，我當下有些反應不過來。

「什麼意思？」我問。

心理師回答：「劉先生，我認為您的孩子有注意力不足的傾向，我們的婦幼醫院設有心智科，希望你能帶孩子去做完整的評估。」

我不喜歡杞人憂天，更不喜歡在結果出來前過多地揣測，但心裡還是因為心理師的話而感到不安。我很快地安排好看診的時間，醫生的診斷正如心理師所懷疑的一樣：睿睿患有注意力不足過動症，需要接受治療。

我聽過注意力不足過動症，卻不曉得這是什麼樣的疾病？會對睿睿造成什麼影響？他後續需要接受什麼樣的治療？

我開始查閱大量的醫學資料，試圖更加理解這個疾病。研究後我發現過動症不僅會造成孩子不專心，更有衝動、情緒和行為控制失調等問題，還可能伴隨學習障礙、對立反抗性障礙、憂鬱症、焦慮症等疾病，因為難以與人溝通、社交，以及學習上的挫折，容易影響孩子未來社會發展和自我成就。

換言之，罹患過動症的孩子將來有極大機率成為一個「低成就者」。當面紗掩蓋的時候，那一點點的「特別」便無法被察覺，而一旦有人點破，過往種種的異常頓時清清楚楚地浮現在眼前。我想起睿睿小學一年級的時候，每每練習寫注音符號，他總會寫超出格子，一點也不整齊，還時不時會多那麼「一點」。

我糾正他：「這個注音寫錯囉，沒有這一點，把它擦掉。」

雖然他鬧脾氣時，什麼也聽不進去，可也不能一昧放任。
何時鬆，何時緊，都需要不斷地嘗試、修正。

「不要！」睿睿說什麼也不擦，甚至合上作業簿，雙手緊緊壓著它，不肯讓我替他修正。

從小就是個「反對黨」的他，很有自己的想法，只要一不順著他，他就會哭鬧，而且極難溝通，怎麼也說不聽。曾經以為這只是孩子的特質，現在才明瞭是疾病所表現出來的徵狀之一。

當我越瞭解這個疾病，我就越加地憂心。

夜晚，我走進睿睿的房間，書桌上課本與文具胡亂地擺著，我隨手翻了翻，透過門外的燈光，看見教科書裡的歷史人物，被畫上了鬍子和黑眼圈，我搖搖頭，笑了笑，而後在睿睿的床邊坐下，伸手為他蓋好被子，盯著睿睿平靜的睡臉愣愣出神。

只有睡著了，他才會這樣安靜。

我並不在乎他未來是否可以成為菁英分子，但我也無法眼睜睜地看著他被社會排擠，成長為一個「低成就者」，在自我認同中掙扎。

我摸著睿睿的臉：「我一定不會讓你變成那樣。」

那一刻，我下定了決心。

我和太太提出自己想要離開工作崗位，回家全職帶孩子的想法。對於睿睿的病，太太第一時間雖然同樣茫然無措，但她向來樂天知命，不久便從打擊中恢復過來，並對我說：「只要孩子能健康、快樂地長大就好。」

我的太太是個事業成功的優秀女性。一方面她的收入高，能夠支撐家庭用度，另一方面我也不願因一己之私，要求太太犧牲她的人生。

因此，我毅然決然地退出一手創辦的公司，成為了一個家庭主夫。幸好太太全力支持我的想法，讓我能毫無後顧之憂地離開職場。

由於睿睿是獨生子，在家裡無法協助他建立良好的人際關係，於是我開始帶著睿睿參加各式各樣的團體活動。希望透由各種團體活動，讓睿睿能夠適應社會。除了和睿睿一起參加親子戶外課程外，我更揣測睿睿的興趣，為他報名不同的才藝班。

有時帶他去參加跆拳道，有時是攀岩，企圖消耗孩子過多的精力。也讓他去學繪畫，畢竟，他每天上課都在畫畫，每本教科書、作業簿都被他畫得亂七八糟，連空白的地方都不放過。我猜想，他多少是對繪畫有興趣的吧？

但說也奇怪，睿睿去上了繪畫課後，回來反而不畫了。

課本還是滿滿塗鴉的痕跡，可是平日在家，他不再拿枝筆隨意亂塗。以前，他曾經拿著一枝毛筆爬到餐桌上，就開始在天花板上寫字塗鴉。偶然抬頭一看，才發現天花板上黑糊糊的圖案，真是好氣又好笑。

「你喜歡畫畫嗎？」

睿睿也不說喜歡不喜歡，頭也不抬地回我：「還好。」

「那要不要繼續學？」

「隨便。」

他就是這樣，你摸不著他的心思，更不清楚他對什麼事物感興趣。

我曾利用週三下午小學提早下課的空檔，帶他參加臺大校園植物導覽的活動，當每個小朋友都緊緊跟著老師時，他卻在人群的外圍跑來跑去。

「小朋友，你們看，這棵樹叫做『流蘇』，流蘇樹又稱『四月雪』，會在春天快結束的時候開滿白色的小花，就像白雪覆蓋在樹上……。」老師指著校門前一棵高大卻纖細的樹，細細講解，小朋友們聚精會神，不時提出疑問，家長們則圍在外圈，避免人來車往碰撞到孩子。

「睿睿，」我拉住往外跑的兒子。「你怎麼不靠過去聽？」

「喔。」他聽話地上前，站著聽沒幾句，又忍不住動來動去，一下子

強迫不能擁有良好的互動，
還會讓親子之間產生極大的衝突。

繞著人轉，一下子蹲下來看地上，一刻也無法消停。

他也不跟其他小朋友交流，一趟臺大之旅走下來，好多小朋友已經熟悉地拉著手說話，睿睿還是彷彿剛加入一般陌生，自顧自地走來走去。

回家後我以輕鬆聊天的態度問睿睿：「今天老師帶我們認識了好多植物，小朋友都聽得好認真，但我怎麼看你好像沒什麼興趣？」

睿睿想了會，搖搖頭。

「這是什麼意思？是好還是不好？」

睿睿不耐煩地說：「不知道啦！」

一股無力感從心底深處漫了出來，但我沒有怪睿睿。在以前，我可能會著急，覺得他在敷衍我，甚至會斥責他不專注聽課，現在我知道那是他天生的特質，逼他是沒有用的，他自己也無法表達心中的想法，只能去接受，並努力陪著他一起走下去。

明白歸明白，有時還是會感到無助，反反覆覆地引導他，卻看不見一點成效，令人心灰意冷，不知未來的方向在哪裡。

太太安慰我：「孩子進入小學也沒幾年，從前又太自由了，現在無法適應制式的校園生活是很正常的，等過幾年，他就會習慣，到那時候，就會好了。」

睿睿念的幼稚園秉持開放式教育的理念，比起一般學校，有更多跑跳的活動。我們當時想給孩子活潑一點的環境，也認為他上小學後，自然而然會習慣規矩，但沒想到他天生便不太一般，導致學習社會化的過程更加困難。

太太語重心長地說：「我們不也是這樣長大的？總有一天，會好的。雖然好動了點，但只要他健健康康的，我便心滿意足了。」

太太的開朗感染了我，雖然我仍為睿睿的未來擔憂，但再怎麼焦慮也無濟於事。慢慢來吧，就如太太說的，總有一天，會好的。

如同我要孩子去學習怎麼和他人溝通，我自己也需要重新學習怎麼和孩子溝通。

這門功課並不容易。

睿睿很有個性，對他提出要求時不能太過強硬，否則他便容易出現一些讓人抓狂的行為，比如大吵大鬧、為反對而反對，越是想糾正他，他越是不想如我所願。

我告訴自己，要盡力教導他，但也不能強迫他，強迫不能夠擁有良好的互動，還會讓親子之間產生極大的衝突。雖然他鬧脾氣時，什麼也聽不進去，可做父母的，也不能因為想息事寧人而一味放任。這個尺度不好拿捏，何時鬆，何時緊，都需要不斷地嘗試、修正，才能試著走出一條最好的道路。

我花費大量的時間和睿睿在一起，與他一同參加各種課外活動之餘，我也帶睿睿做家事、讀書，希望藉由培養他自主生活的能力，來增加他的自信，一點一滴改變他衝動的特質。

剛開始他什麼都做不好，連個碗都洗不乾淨，請他洗碗，他匆匆抹個幾下就沖水，拿起來一看，碗上還黏著飯粒、泛著油光，當下有股衝動想把他叫回來，盯著他再洗一遍。可如果我真的這樣做，孩子一定會反彈，他會不開心，會和我吵：「以後我都不要洗碗了！」

於是我改變方法，吃完飯後，我把餐具收到廚房，先用菜瓜布刷過一遍，抹去髒汙和油漬，才叫來睿睿：「可以幫爸爸洗碗嗎？」

睿睿站上流理臺前的小板凳，打開水龍頭，我遞給他一條抹布後便走開，假裝去做其他事，暗地偷偷觀察他的反應和動作。

我的孩子雖然衝動卻熱情，執著但誠實，
而且善良大方，從不退縮。

睿睿沖完水後，興沖沖地喊道：「爸爸，我洗好了。」

我若無其事地上前：「真棒，洗得真乾淨。但下次幫爸爸沖水沖久一點，好不好？」

睿睿得了誇獎，便不排斥後續的要求。

「好！」

就這樣循序漸進，我交給睿睿的工作越來越多。

「不錯呦，明天來試試刷碗吧？」

「先刷一個碗，嗯……很好，可以再多刷一個碗。」

「都做得很好，那洗碗以後就由你來負責了！」

煮飯的時候也是，先從煎蛋學起，我問他：「讓你自己來煎自己要吃的蛋，如何？」

平常禁止小孩動刀動火，一旦問了要不要自己下廚，小孩子總是興致勃勃的。睿睿馬上就跑了過來：「我要煎、我要煎。」

我不過度干涉睿睿的行為，只為了安全在旁邊顧著他用火，其餘倒油、打蛋全讓他自己來。

呈起裝盤的荷包蛋賣相不佳，蛋黃破掉，邊緣焦糊，還混著蛋殼，兒子仍然得意洋洋地說要留著等媽媽下班回來看。

我稱讚他：「比爸爸第一次煎蛋還要好！」

讚美多了，他就不好意思拒絕，而我時不時裝笨，煮菜煮到一半就喊兒子過來：「睿睿，你能不能教教爸爸，上次你是怎麼調味的？爸爸煮得不是太淡就是太鹹，沒有你那麼會煮。」

睿睿驕傲地抬起下巴：「吼！你怎麼煮這麼久還不會？」

「對啊，還是你厲害。」

睿睿一副真拿你沒辦法的表情接過鍋鏟，我則在他背後露出了得逞的微笑。

這種拐彎抹角的方式對睿睿很有效，雖然他仍時不時地失控，但我和他明面上的衝突少了。一方面是我最大化地接受睿睿的不足，理解他的行為；另一方面或許是因為我長時間的學習佛法，所以才能夠以更平和的心態面對人生的煩惱。

又或許是因為，我雖然知道了睿睿是過動症，但我從不以此做為藉口，認為就是這樣他才這麼難教。每個人都有自己的人格特質，有的人天性就是活潑好動，也有人喜歡安靜地坐著，睿睿只是特別好動罷了。

看到睿睿的表現，太太對我說：「你真的很適合在家帶孩子。」太太認為我當初做了一個正確的決定。即使太太個性溫柔隨和，還是會因睿睿的調皮搗蛋生氣。畢竟當家裡有一個特別活潑的男孩子，會有很多超乎想像的突發狀況，挑戰家長的極限。

我也有控制不住情緒的時候，比如有一次當我發現睿睿割破了連接蓮蓬頭的水管時，瞬間怒火中燒，火焰蒙去了理智。我真不明白，他怎麼就能想到要破壞蓮蓬頭？還是拿美工刀去割？他到底是怎麼想的？

我忍不住叫來兒子大罵：「你為什麼要這麼做？你看看，好好的東西，現在都不能用了，你簡直莫名其妙，美工刀能拿來玩嗎？還拿它到處亂割，你太離譜了！」

睿睿面無表情地看著我，一點愧疚自責的情緒也沒有，被罵得久了，他臉上還出現一抹厭煩。

「你都不會覺得做錯了？」

睿睿撇撇嘴，不置可否。

「你……。」我想罵又罵不下去，如果他以為挨罵就能夠抵銷錯誤，不能理解我為何生氣，那罵再多又有什麼用？不過是自己氣得半死罷了。

我深深嘆了一口氣，擺擺手。

如臨大赦，睿睿咻一下地跑開了，隨即我就聽到他玩鬧的聲音。

無能為力的感覺再次攫住了我，可我又能怎麼辦？

孩子有注意力不集中的毛病，要如實完成每日的作業實是一件辛苦的

在這幾年的刻意練習下，我漸漸學會用正面的態度迎接任何挑戰，
凡事先看事情正向的地方，不朝負面去想。

事。因此，我會陪在他的身旁，一題一題跟著一起做，在他焦躁不安時，跟他說說話，轉移他的心思，或問問他學校的生活。

有次，當我問他有沒有交到新朋友時，睿睿眼神閃爍，言詞囁嚅。睿睿的人際關係向來是我關注的重點，一看到他如此表現，我立即關心地問：「怎麼了？」

「同學都不跟我玩。」

「他們為什麼不跟你玩？」

「就小明他們幾個下課要踢球，可是那個翰翰叫他們都不要跟我玩，然後他們就一組，都不理我……。」睿睿揮舞雙手，話說得語無倫次，我反覆問了好幾次，才清楚究竟發生什麼事。

學校同儕相處，難免會形成小團體，孩子想打入其中，和其他小朋友一塊玩耍，偏偏有幾個人並不歡迎他，睿睿想盡辦法討好，就是不得其門而入，自是感到挫折、委屈。

我問：「為什麼翰翰不喜歡你？」

「我不知道……。」

「你有沒有跟翰翰吵過架？還是打過架？」

睿睿偏頭思考，而後盡皆搖頭否認。

我沉吟了一會，一時之間也想不出好方法解決問題，且我也未曾聽過睿睿的導師提過他有被排擠的問題，或許是單純和翰翰合不來吧？兒子的個性本來就衝動，還時常搞不清楚狀況，講話答非所問的，並不是受歡迎的類型。

「那他除了不跟你玩，有沒有欺負你？」

睿睿再次搖頭。

沒有就好，我鬆了一口氣，告訴他：「現在翰翰不想跟你玩，不代表以後也不會跟你玩。你可以先和其他同學一起踢球啊，說不定還能和翰翰他們比賽。」

「可是翰翰他們比較厲害！」

「那如果你贏了翰翰，你不是更厲害嗎？」我引導睿睿從另一個角度思考。

睿睿一聽，頓時大樂，咯咯笑了起來。我跟著揚起了嘴角，卻仍不免憂慮。

稍晚翻著睿睿的聯絡簿，我遲疑了許久，還是沒有將煩惱寫在聯絡簿上，反而提筆在通訊欄上寫道：「今天睿睿準時完成作業，還幫爸爸洗碗擦桌子，表現甚佳。」

我和睿睿的老師早已培養了一個默契——我們不會分享睿睿不好的一面。因為他毛病很多，不論在家裡還是在學校，總大禍小禍不斷。我曾經很害怕接到老師訊息，或是在聯絡簿上看到老師提到睿睿又闖了什麼禍。我沒辦法立即改變他的行為，卻也不想看到他因不被理解，而遭責備。

很幸運的是睿睿從以前到現在，遇到的都是好老師。

即使老師也拿他這樣好動孩子沒辦法，卻願意包容他，不將他視為頭痛人物，甚至覺得他很可愛。

「睿睿是個誠實的孩子，他犯了錯從來不會推諉塞責，總大大方方承認是他錯了。雖然糾正他後，他還是可能記不得，但再犯時，他都會老實承認，並且道歉，努力彌補，我覺得他這種個性真的很可愛。」一次和老師通話時，老師這麼跟我說。

在和老師互動的過程中，我也感受到，過動所帶來影響不全然是負面的，我的孩子雖然衝動卻熱情，執著但誠實，而且善良大方，從不畏縮。

我也樂於和老師分享如何引導睿睿做家事：「昨天他只能洗兩個碗，今天可以洗到三個了。」

話筒的另一端，老師開心地說：「睿睿這麼棒喔！」

睿睿在一旁聽了，伸手就要搶我手中的話筒：「我來說，我也要跟老師說話！」

人生時刻充斥著許多煩惱，學佛會令我感到平靜，
即使無法立即學以致用，也能讓我保持平和的心態。

「好好好，給你，但不能講太久，老師也要休息。」我爭不過，只能叮囑他。

睿睿很喜歡級任老師，吱吱喳喳說個沒完，老師也很有耐心地聽他的童言童語，最後還是我受不了，才強行結束了通話。

每次都這樣，只要我和老師通電話，他就要過來插上一腳，我和老師聊三分鐘，他至少要聊三十分鐘！耽誤了老師的下班時間，多少有點過意不去。

可是看到孩子被肯定，和老師的感情如此親密，我仍覺得感恩不已。

然而七、八歲的男孩不守規矩還能說是活潑可愛，十三、四歲的少年

就無法輕易被寬容了。睿睿雖然持續在進步，卻還不能完全矯正過來。升上國中後，他一樣會在課本上胡亂塗鴉，會和同學在課堂上互丟紙條打鬧，於是，他受到的懲罰也多了。

但他回來什麼也沒說，依舊大大咧咧的模樣，我也不曾聽到老師的抱怨，還以為他已能融入規律的團體生活中。

有一天，睿睿一反常態，怒氣沖沖的，一回到家就甩書包生氣。

我皺眉，沒有馬上責罵他，而是問他：「發生什麼事了？」

睿睿雙手抱胸，抿著嘴不想講。

我不願逼迫他，想給他一點冷靜的時間，便扯開話題：「你看你衣服又弄得這麼髒，趕快換下來給我洗。」

我看著睿睿身上灰灰黑黑的制服，幾乎認不出原來的白色。忍不住搖頭嘆氣，實在搞不懂他平常是怎麼玩的，為什麼會把衣服弄成這樣？就像是一塊穿在身上的抹布。每次睿睿換下來的衣服，我都要手洗刷過才能丟洗衣機，否則洗不乾淨。

這一說，孩子就紅了眼睛。

「爸……。」

睿睿說，今天國文老師單獨把他叫到講台前，問他：「你家有人在照顧你嗎？」

睿睿氣憤地說：「他怎麼可以那樣講！口氣那麼瞧不起人。」

我聽了反而從心裡湧出一股感動：「睿睿，你的國文老師對你很好，很關心你。」

「哪有！」

「你自己看看你現在是什麼模樣，也難怪老師會這麼問了。或許老師不該在大庭廣眾之下問你，但他會這樣問，真的是出於關懷，他可能想：『這個學生的家庭健全嗎？有沒有人照顧他的生活起居？』」

我打趣道：「你害爸爸被老師誤會，是不是應該向我道歉？」

睿睿低頭看了看自己斑駁的白襯衫，遲疑地問：「是這樣嗎？」

「他可以只教課就好，不管你們，但他注意到你的外貌，特地關切你的生活，當然是對你好。」

「我以後會小心不要玩得那麼髒的。」

睿睿有些不好意思，搔了搔頭。我則是伸手拍拍他的肩，要他先去換件衣服。

一日日與睿睿互動的過程，讓我察覺了一件事——在這幾年的刻意練習下，我漸漸學會用正面的態度迎接任何挑戰，先看事情正向的地方，凡事不朝負面去想。漸漸的，這樣的觀點深入了我的心裡，並且讓我能夠引領睿睿看到世界美好的一面。

當初我學習佛法，是由於朋友的介紹，加上上了課後覺得課堂的內容很有道理，才一直學了下去。人生時刻充斥著許多煩惱，學佛會令我感到平靜，即使無法立即學以致用，也能讓我保持著平和的心態，去面對夫妻

樹木的年輪順應季節而生，河水順應山勢奔流，
揠苗不會助長，強迫只會帶來反抗。

和親子間的衝突。

每個人都是獨立的個體，很難全面體諒他人的想法，難免會有一些磨擦。剛開始我只是信服佛法，並期許自己能夠做到學習的內涵，可實際上，知易而行難，道理人人都懂，要運用卻是不容易。經過一遍遍地學習、念佛，且時時提醒自己，長而久之，才深植於內心，也能體現於生活之中。

到這一刻，我才真正了解，這或許就是為什麼我會辭掉工作，選擇陪伴孩子長大的原因！孩子的病只是一個推力，我只是重視他，希望他快樂。長期和睿睿相處，我自己也在成長和改變，我發現唯有長久的潛移默化，時時體會善的一面，才能養育出對社會有貢獻的好孩子。

睿睿雖然和國文老師的關係變好了，和家人卻正好相反。他彷彿一下子就進入了叛逆期，老師、同儕的一句話，比父母說了千百句的話都還要有力量。

太太偶爾被他氣得半死，想管教他卻被我制止。

「不要站在孩子的對立面，那只會把他推得更遠。」

太太不高興地回：「那也不能不管他啊。像他現在，打電動打到廢寢忘食，你只會用『關愛教育』那一套，有用嗎？」

當時我接觸關愛教育沒多久，太太的質疑我無法立即反駁，只是說：「交給我，好嗎？我來跟他溝通，不會放任他。」

我彷彿也在透過這句話說服自己，不要衝動，不要站在一個權威者的角度去命令他。儘管道理我都明白，可是看睿睿一再忘記我們的約定，我也漸漸壓不住內心的火氣。

我推開睿睿的房門，敲了敲門板試圖引起他的關注。

敲門聲淹沒在喧鬧的遊戲音效中，睿睿直勾勾地看著螢幕，手指飛快地操作，看都不看我一眼。

「睿睿，已經超過十分鐘了，你該關電腦了。」我沉聲說。

「再等一下，我打完這一局就好了。」

「不行，我們說好每天只能玩一小時，你已經超過時間了。」

「再十分鐘、再十分鐘就好！」睿睿緊盯著螢幕，無意識地嚷嚷著。

我深吸一口氣，再次警告：「睿睿，你不可以說話不算話。」

「再一下啦，就快要結束了！」

「睿睿！」

遊戲闖關失敗的音樂響起，睿睿懊惱地摔了滑鼠：「好了，好了，不玩了！」

我不悅地說：「你這是什麼態度？我有罵你嗎？這是我們早就說好的約定不是嗎？你講話不算話態度還這麼差，如果你不能遵守約定，那以後都不要玩了。」

睿睿幾次張嘴想說什麼，又說不出口，氣呼呼地喘著，最後只大聲地吼道：「我知道啦！」

他倒在床上，拉過被子蒙住頭。

我站在房門口看了他好一會，伸手關了燈，輕輕闔上門。

「晚安。」

隔天早上，兒子上學後，我在客廳的桌上發現了一張紙條，寫著一段話：「樹木的年輪順應著季節而生，河水順應著山勢奔流，揠苗不會助長，強迫只會帶來反抗。」

那瞬間，我整個人懵住了。

我對太太說得好聽，可自己也做不到全然地關愛。我並沒有用心瞭解睿睿，一味地拿規矩去束縛他，他表面上接受了，內心還是不服氣，對我產生了牴觸。

他不是叛逆，只是半大的孩子本就渴望自由、
更重視同儕一點，父母的不贊同很容易被當成是約束。

我既高興睿睿還願意告訴我他的想法，又難受於自己做得不好。這一刻，我才體會到，我沒有深入理解怎麼關愛他人，我只是學了個理論，卻沒能真的運用，導致兒子和我之間形成了對立。

我應該要先接納他沉迷遊戲的現況，以及理解他為什麼無法馬上結束遊戲，這個年紀的青少年本來就喜歡玩遊戲，也難以控制慾望，自制不是與生俱來的天賦，而是需要經過學習。我可以問他：「為什麼你做不到遵守規範？如果你以後還是做不到，我們可以怎麼解決？」而不是強制性地要他立刻關掉電腦。

這些我不是不知道，但我沒有做到。

當睿睿越來越大，我的煩惱從擔心他的人際關係，變成了如何和孩子交流。

他也不是叛逆，只是半大的孩子更渴望自由、更重視同儕的意見，父母的不贊同很容易被當成是一種約束，加上兩代之間對於流行認知的差

異，一不小心就會引發衝突。

但我會盡量去尊重睿睿的想法，把他當作一個成年人般地談話。國三他和我說他要報考復興高中戲劇科時，我二話不說全力支持他。

一開始他想考的不是戲劇科，而是復興美工。會有這個想法，是因為他曾將三十多個同班同學以圖像的形式繪製，導師看見了，不僅沒有斥責他不務正業，反倒稱讚他觀察力細微，人物畫鮮活各有特徵，認為他有天分，可以考慮報考相關科系。

然而過了沒多久，他又改了主意，風風火火地準備起戲劇科的考試，還要求我出錢讓他去補作文。

對於他的三心二意，我沒有太多的意見，也不會逼迫他一定要讀普通高中，孩子的人生必須自己去闖，父母無法代替他走這條人生的路。可是他要去作文補習班這件事，我卻是反對的，我拿不準他是真心想要去補作文，還是為了和朋友玩樂？

另一方面，我知道他直到現在還是會干擾上課秩序，在學校，老師和同學能夠包容他，但在嚴格要求教學進度的補習班就不一定了，這樣的他上補習班，真的有成效嗎？

我不置可否，私下和睿睿的導師聯繫，詢問他睿睿的狀況，好讓我能夠做出判斷。

導師很了解睿睿，他也不同意睿睿去上補習班，直接把事情攬過去，對我說：「劉爸爸，你放心，這件事交給我好了。」

我感激萬分，和導師聯絡，並沒有要麻煩他的意思，導師卻把睿睿的事當成自己的事。不久，我就收到了導師傳來的好消息：「搞定了！」

睿睿再也沒有提過他想補作文的事，我全心信任，沒多問一句導師是怎麼和他談的，是後來睿睿主動談起，我才知道導師的用心。

「我想要自己練習寫作文，請國文老師幫忙批閱。」

學生這樣積極進取，做老師的沒有不願意幫忙的，那個曾經因為髒衣服傷了孩子自尊心的國文老師，付出了非常多的課後時間輔導睿睿，孩子當然感受得到，因此也很尊敬並喜愛這位老師。

很多事是一體兩面的，就看怎麼解讀，我很欣慰當初能解開孩子心裡的疙瘩，讓他看見老師的關懷與愛。

我慢慢能夠理解關愛教育的真諦，是接納，是傾聽，是消除人和人之間隔閡的方式。

於是睿睿上高中後向我表示想要刺青時，我已經有了足夠的智慧去應對他。

我不否認我其實是不喜歡刺青的，在我的印象中，只有混道上的兄弟才會去刺青，兒子不過是個還未成年的高中生，他懂得刺青的意義是什麼嗎？他真的不會後悔嗎？

我沒有表現出我的不喜，反問他：「你為什麼想要刺青？」

「因為刺青很酷啊！」睿睿也說不出個所以然。

孩子的人生必須自己去闖，
父母無法代替他走這條人生的道路。

我抓抓頭，請他坐下詳談，我說：「嗯……爸爸沒有刺青，也不太瞭解這種文化，你可以跟爸爸說你想要刺什麼圖案？刺在哪個部位嗎？」

可能是我的態度十分平靜，所以睿睿也沒有反彈，誠實地說：「我還沒有想好。」

「那我覺得你需要做一點功課，而不是想要刺青就馬上去刺。這畢竟是一種侵入性的行為，如果沒有找好店家，我怕會有感染的問題；再來，刺青刺上去後，雖然不是不能反悔，但若要洗去刺青，是很受罪的事；最後，刺青應該不便宜吧？爸爸可不會幫你出這筆錢喔。」我理性地分析給他聽。

「爸，你說的對，我會好好想想的。」

睿睿冷靜下來，雖沒有直接去刺青，卻也沒放棄。他到處蒐集資料，還不忘跟我分享：「爸，你真好，我好多朋友的爸媽一聽說小孩要刺青，就以為是變壞了。現在時代不一樣了，不是混黑道的人才會去刺青，在西方，刺青是一種藝術，好多好萊塢的明星也會刺青留念。」

「民情不同，你也不要認為反對的爸媽就是錯的，我們傳統的觀念是身體髮膚受之父母，刺青也是一種損傷，爸媽會捨不得。我也會擔心你刺青會有感染的風險，只是與其去否定你，我更希望你是因為真正考慮過、研究過才去做這件事。」

睿睿說的沒錯，現在時代真是不同了，刺青也是一種藝術的表現，不必以負面的眼光看待。我接受他的說法，他也採納我的建議，認真存錢之餘，找到什麼喜歡的圖案就會拿來和我討論，還說：「我想要刺在比較隱密的位置，像是腰側或是腳踝，不容易一眼就被看到。」

我稱讚他想得周到，他欣喜地笑了，更加仔細思考這件事可能會帶來的影響，沒有最初憑著一股衝動就要去做的決絕。

因為想要刺青，睿睿開始健身，身材越來越壯。

「交女朋友了？」我調侃他。

「不是啦，」睿睿靦腆地說：「我是認為我既然要刺青，就要練一下身材，要不然肉垮垮的，即使圖案再好刺青也不好看。」

「很好啊！你越來越會想了。」我點點頭。

只要給孩子一點引導，他就會比你想得更多，如果他經過了深思熟慮，也說服了我這不是一件壞事，我又有什麼好反對的？之前睿睿想要穿耳洞，我沒有瞭解就說不行，他雖然不會和我吵，但還是會瞞著我去做，等到我發現，木已成舟，也將他推遠了。

正是因為受過幾次的教訓，不斷地學習實踐關愛教育，我才能和睿睿有良好的溝通。他也不會伸手向父母要錢，而是透過自己的努力，一點一滴實現自己的目標。

有一天，他跟我說：「爸，我明天要去刺青。」

我放下手中的報紙：「決定了？」

「嗯，我找好刺青師了，是有規模、風評好的店家。我打算刺一個小小的圖案，不會花太多錢，而且若刺的圖案太大了，我也怕以後會後悔。」

「你想好就好。你長大了，爸爸的反對也阻止不了你，我只有一個要求，不要做讓我擔心的事。」

「我不會的。」

我笑了，衷心盼望能和睿睿一直保持這樣良善的互動，我不能說未來就不會有衝突，卻願意用一顆豁達的心去包容。

太太沒我想得開，她非常不滿意孩子上大學後時常晚歸，便會碎念：「你怎麼這樣帶孩子？讓他七晚八晚才回家，你就該制定一個時間，超過這個時間沒回來就鎖門，這樣孩子才會怕。」

確實我和太太都是這麼過來的，晚上外出總是趕著時間回家，深怕過了時間就進不去家門，但我不認同以同樣的方式來對待睿睿。

即便我們家需要有門禁，這個門禁的時間也應該要和兒子商討後再只要給孩子一點引導，他就會比你想得更多。
如果他已經深思熟慮過，也能說服我這不是一件壞事，我又有什麼好反對的？

訂。要讓他知道，直到我們要睡了都不見他回來，我們睡也睡不安穩，這個門禁是為了我們，也是為了他好，同時我也想知道，有什麼事讓他必須三更半夜還在外不回家？

孩子是一個獨立的個體，也幾乎要成年了，我尊重他，但不會放任他。我學會理解他，更在這條成長的路上，學習到孩子許多的優點。

我曾經寫過一本「幸福存摺」給兒子，那是在我最初學習關愛教育的時候，拿到的一本筆記本，上面讓我們寫下一百個孩子的優點。

不知為何，有了幸福存摺後，就算沒有刻意找尋，我也能在日常生活中發現兒子閃光的地方，並一一記錄下來。

其實那都是一些微不足道的小事，像是他想吃炸物，卻因為會發胖，而克制了自己的慾望。那天，我就在幸福存摺裡寫道：「你的自制，大人都不一定能做到，但你做到了。」或是他的考試及格了，我也寫了進去：「你認真念書，成績有所進步，值得肯定。」

花了一年的時間，我寫滿了一百個睿睿的優點。

隔年睿睿生日，全家去餐廳吃飯慶生，席間，我拿出了這本幸福存摺，說：「睿睿，這是我送你的生日禮物。」

睿睿好奇接過，沒有馬上打開來看，我也不催促，能把心意送到孩子手上就好。

我們度過了愉快的一餐，回家我也不問他看了沒。

入睡前，太太跟我說：「剛才你洗澡的時候，睿睿哭了。」

我疑惑問道：「今天不是他生日，怎麼還哭了？」

「睿睿把你送他的生日禮物拿給我看。」太太感性地說：「我沒想到你居然暗暗觀察到睿睿那麼多優點，我看了也很感動，你把睿睿教得很好，這些年辛苦你了。」

後來我問睿睿：「聽說你看了幸福存摺後哭了？」

他很不好意思地說：「我也只看了兩三則，根本看不下去。」

我哈哈大笑，沒有拆穿他。

過去這幾年，我肯定過他，也否定過他，我們會吵架、會爭執，但不可否認的，他長成了一個比我想像中更好的孩子。透過幸福存摺將很多很小的事累積起來，我才注意到，這個孩子不是沒有改變，只是時間模糊了一切。同樣的，在孩子的心中，幸福存摺代表了父親的認可，讓他能感受到自己被深深愛著。

睿睿是我生命中一項巨大的挑戰，因為他，我不得不學習怎麼成為一個更好的父親。我常在想，如果兒子沒有被診斷出來罹患注意力不足過動症，我還是一個忙於事業的上班族，那我和睿睿的關係會怎樣呢？大概不會像現在這樣融洽吧，我很清楚，當年沒有學佛、沒有學習關愛教育的我，只會是個手握權威的傳統家長，我或許無法發現他美好的一面，也會在不斷的爭吵中加大彼此的距離。

我很感謝睿睿，給予我一個陪伴他長大的機會。

我和太太說：「以前我看孩子，就像是一艘擱淺在沙灘上的獨木舟，費盡心力去推、去拉，也無法讓它回到海上，它彷彿生根在沙灘上，你施加了力量，也無法撼動它。我曾以為它會永遠這樣，直到現在我猛然回頭一看，曾幾何時，那艘孤零零的獨木舟，已經是一艘堅固的帆船，回到了海上，而且揚帆啟航了。」

太太笑我想得太多，卻不知，這是我多年來的感觸，那是長久的陪伴才能擁有的體會。

曾經因為他的特質，我查找了很多資料、看了很多書，發現許多名人也都患有過動症，像是微軟創辦人比爾蓋茲、奧運冠軍菲爾普斯，但這些

他即將去面對屬於他的風浪，我們只能做他揚帆遠航的風，
陪他走過一程，給予他勇氣航向遠方。

書後面都不曾寫到家長是怎樣引導孩子，也不曾提到，更多沒有被關注到的過動症孩子，都是學校裡的問題兒童。

我不奢望他會像比爾蓋茲、菲爾普斯那樣有這麼偉大的成就，我只要他能被社會接納。而這之前，做父母的要先能夠接納他、陪伴他，只要我們先看見了他的亮點，他自然就會散發出耀眼的光芒。

那艘獨木舟終於回到海面上了，不需要外力的幫忙，自己就能找到自己的出路。而他即將去面對屬於他的風浪，我們無法為他阻擋，卻能做他揚帆遠航的風，陪他走過一程，給予他勇氣航向遙遠的地方。

為你降一場溫柔細雨

林凌雅（化名）

文／李宜珊

我是一位教育者，
不能只是理解、同理他，還得引導、教育他。

時光荏苒，
原來我已走過一段學習如何教育自他的長路。

和風徐徐，陽光透過玻璃斜射進教室，是個暖洋洋的寧靜午後。和煦的天氣讓我精神為之一振，我站在黑板邊快速書寫文字，賣力地向學生講解課本中的內容。

「老師！老師！」

一道道刻意被壓低、帶有笑意的呼喚聲從臺下傳來，打斷了我的振筆直書。回頭一看，好幾位學生臉上帶著促狹的笑意，望著我，手紛紛指著一位好夢正酣的男同學，並低聲地說：「老師，妳看！他睡著了。」

我不禁莞爾，這些來自不同地方的海外學生們，一整日聽著中文，並且要消化各色課程，難怪這麼容易夢周公！緩緩挪動腳步，我揮動著手，暗示大家放低笑聲，然後悄步走到男孩身側。歌藝不精的我，總要清清喉嚨、深吸一口氣，才能緩緩唱出全班最喜歡的「起床歌」。

「公雞啼，小鳥叫，太陽出來了！太陽當空照，對我微微笑。他笑我……。」

清脆的起床歌，在昏然欲睡的夏日午後，成為一帖清涼劑，響徹在孩子已然滯塞沉悶的的腦袋中，呼呼大睡的男孩被歌聲和同學們的歡笑、拍掌聲驚醒，他本來一臉迷茫，隨即便看到我站在他面前唱歌。他忍不住雙手抱住頭，像是一種無聲的求饒。

看著他有些搞笑的模樣，同學們笑得更大聲。我沒有停下來，刻意將整首歌唱完，表示這是睡著的學生才有的「特別福利」，大家在我唱完後報以熱烈的掌聲，臉上也帶著心滿意足的微笑。

男孩露出既羞赧又無辜的表情，舉起雙手無奈地討饒：「老師，我起來了！我起來了！」

在一陣輕快的笑聲中，我完成了喚醒學生的超級任務，準備邁向課程的下半場。此時的氛圍，愉悅又溫暖，記憶帶我返回曾經是初任教師的時光。時光荏苒，原來我已走過了一段學習如何教育自他的長路。

記得尚未進到教師這個職業時，我曾經在教師甄試的自傳中，滿腔熱情地寫下：「願將一生奉獻於教育。」

我想要成為一位能夠引領學生的好老師。因此任教第一年，我便不斷回想自己成長的方式，試著仿照以往所受的教育來關懷學生。對學生諸多的學習狀況總是諄諄教誨、再三叮囑，更不停地鞭策他們學習。當時只希望透由認真的教學、負責的態度，來改變並培育學生們，讓他們擁有良好的語文知識、學習態度。

只是我沒有想到，這樣的認知與苦心透由行動傳遞給學生後，他們只感受到被管束的沉重。當時的我，在他們眼中應該是一位雖然認真，但真的管很多也帶來很多壓力的老師吧。

一次的國文課中，正當我傾盡全力地寫板書、講說時，眼角餘光瞥見一位學生睡著了。我想著：「身為老師有義務提醒他要認真上課。」於是我停止講課，緩步走到學生桌前，輕輕地對他說：「上課不要睡覺喔。」

沒想到，他竟猛然抬起頭來，雙手用力地拍著桌子，滿臉漲紅，彷彿一隻燃燒著火焰的刺蝟，衝我就罵出三字經。當下全班一片死寂，我當場愣住，腦袋一片空白，整個人宛若當機般什麼也無法反應。

學生罵我的髒話、其他學生的眼光，這些都如雷擊般打進我的內心。「明明我是好意關心他，希望他好好聽課、有所學習，為什麼會他這麼生氣？」

我陷入了一種巨大的尷尬中，卻沒辦法有什麼反應，加上這堂課才剛開始，我有義務必須上完。所以我只能強壓下內心受傷的感覺，假裝沒事老師的鼓勵和關懷注入心中，讓我對自己有了新的盼望，我想像他一樣，成為一個會教學又關心學生的老師。

般地轉身走回講台，繼續上課。

這一切其他孩子都看在眼裡，許是心疼我遭逢無妄之災，有學生在下課時陪我走回辦公室，一邊安慰著我：「老師，他有起床氣，妳不要理他。」

「老師妳人太好，他才欺負妳，真可惡！」

我勉強地笑了笑，收下他們的關心。這件事很快便傳入該班導師耳裡，她隨即介入此事，居中協調，學生在情緒過後，也親自來跟我道歉，表情誠懇。然而我最在意的不是他當時失控的表現，而是一種無法掌握教學現場的挫敗感，那情緒籠罩著我，讓我不知該如何是好。

我不明白到底發生了什麼事？也不明白，在學生心中我是一個什麼樣的老師？甚至不曉得，我到底該如何面對這樣的教學？

這件事情在我的心中掀起了巨大的波瀾，使我開始對自己產生一種不自信的怯弱。

學生盛怒的臉龐盤踞在我腦海裡，那帶著憤怒、不耐煩與受傷的眼神在我眼前揮之不去。我很清楚那表情背後的意思——童年的我跟他的眼神如此相像，總想要問身邊的大人：「我真的那麼糟糕嗎？可不可以給我一點鼓勵，而不是只有糾正和指責！」

曾幾何時，我長大了，想給出愛，卻成了一份對方無法收下的贈與，這堵高牆是何時出現的？我該怎麼辦？誰又可以給我答案？

回憶的列車繼續快速倒退，順著學生那張盛怒的臉，回到了我三歲的時候。

當時父母為了讓我和弟弟能有良好的教育，舉家搬遷至臺北。在異地白手起家是一件非常辛苦的事，為了家計他們早出晚歸地工作，鮮少有時間照料我們，所以在不上課的日子裡，都是由奶奶照顧我和弟弟。

奶奶總梳著一絲不苟的包頭，慣穿暗色的衣服，她說：「老人家穿太花會讓人笑。」

這是她特有的堅持。而不只對己，在許多方面，她也都有自己的一套邏輯。當時，她常對著我講很多生活的規矩，對我也有諸多要求，很多時候，我都不能理解她為何會這樣說？例如奶奶總說女生的衣服不可以疊在男孩子的衣服上面，但對我而言這規矩一點道理也沒有。

如果我發問了，她又說不出所以然，便會淡淡地回一句：「小孩子聽就對了，不要有那麼多問題。」

奶奶的這些要求，令我感覺到諸多的束縛。讓從小就有很多想法的我，因此心生抗拒。在那時每天我都要準時起床，然後把雨衣、手帕和衛生紙帶好，如果有「錯誤」發生，她便會板起臉來「叮嚀」我。

這樣傳統的教育方式帶給我不少衝擊，甚至是許多的不滿。

還記得當時用餐時，我和弟弟看到愛吃的炸物都只想大快朵頤，奶奶卻會出聲制止，說：「女孩子不要這麼愛吃！」、「不要全部吃完，要留一些到下一餐吃。」

雖然我心裡不斷抗議，卻很少將抱怨說出口，只在內心不停想著：「這跟我是女生有什麼關係？」、「下一餐再加熱就不好吃了！」

縱使我的內心中有著許多的不滿，卻從沒有激烈地表達過真實的想法，反而在束縛中逐漸變成一個循規蹈矩的孩子。這些外顯出來的乖巧懂事，讓我在學校備受老師的照顧和喜愛。

小學的生活愉快且豐富，課堂的知識，滿足了我旺盛的求知欲，加上老師們雖然也會管束，但都是可溝通且可理解的。他們更給了我許多鼓勵和肯定，讓我不會覺得自己是個被很多框架限制的「女生」，我可以讀書、畫畫、運動，也可以學管樂器和玩躲避球。

家裡的大人並不全然能理解的所思所想，似乎都在學校被接納。為此我非常喜歡在學校的時光，既有朋友可以一起玩耍，又有老師細心的教導，我可以在老師身上學到好多知識，彷彿打開一扇扇通往世界的門窗。學校更有許多圖書可以借閱，讓我能盡情在文字堆裡徜徉、遨遊，尋求許

這些讓我感到痛苦的學生們，其實也和我一樣，
正在生命的道路上尋找著解答。

多疑問的解答。

在那樣的過程中，我遇到了一位永遠難忘的老師，他是我小學五年級的導師，既年輕又帥氣，上課也很認真，讓人受益良多。

他從不曾吝惜給我讚美與鼓勵，常笑著對我說：「表現得很棒喔！」除了言語的關懷，老師還會到每位學生的家裡進行訪問，殷切地希望能夠理解學生。我不記得老師來家訪時，他說了什麼，但老師的付出讓我知道，原來自己是個被人喜歡的小孩，那是我第一次感受到自己受到重視與被人關愛。

老師的鼓勵和關懷注入心中，讓我對自己有了新的盼望，我想像他一樣，成為一個會教學又關心學生的老師。

從早到晚都陪伴著我們的老師，並不會顧慮我們年紀小，而擺出一副「大人的模樣」，反而常常跟我們分享他的生活感悟。

記得有一陣子，老師因為母親去世而請假，他回校的那天，跟我們敘

說他對母親的思念，並且紅著眼睛要我們珍惜和父母在一起的時光，那個畫面一直停留在我的心中。

我因老師對我們的開放和坦然而震撼，也感受到一種生命的重量的傳遞，明明屬於老師的悲歡喜樂，他卻願意與我們分享，儘管他的聲音很輕，卻厚實地在心裡堆積，讓我有種說不出來的動容。

因為美好的校園記憶，讓我從小就想成為一個老師——當然，那時候的我，並不知道要成為一個老師所需要付出的努力那麼多，更不曉得要成為一位好老師，需要諸多的學習和磨練。

在我心中，班導就像一座大山，至今仍屹立在我心中。他彷彿一位魔法師，逐漸改變了我對自己的看法，我很想跟他一樣，成為一個能夠幫助他人、甚至給予他人力量的老師。

多年後我成為了一名老師時，總會回想著他的形象，希望能同他一般與學生創造亦師亦友的關係，卻事與願違，甚至跟學生的心之間有著極大的距離。

直到那時，我才明白原來師生關係的經營需要很多的智慧，並非只是立下志願便能達成的。

我知道我與學生之間，一定有哪裡不對，然而我沒心力多想，只因每天如陀螺般團團轉的生活，早已耗竭了我的能量。

第一間任職的學校距離我的居住地甚遠。每日不間斷地在豔陽、風雨的車陣中來回折返，漫長的通勤時間，還有初任教師便要身兼行政工作的忙碌，加上對課程的不熟悉、班級經營的陌生，所有的一切都在不知不覺間消融了我的熱情。

有時連喘息的時間都沒有，便要打起精神繼續下一堂課，心力負擔極大，更雪上加霜的，是我發現學生學習態度並不如我的預期。點點滴滴都讓我在內心產生一個巨大的空洞。難道從這一刻起到退休那天為止，我都必須要過上無數個這樣的日子嗎？這就是我夢想中的教師生涯嗎？

當我風塵僕僕地頂著疲累的身軀走進教室，強打起精神來為學生授課時，看到的卻是一雙雙難以親近的雙眼；當我興沖沖地準備一堆課堂資料，希望幫學生打開語文方面的視野，卻見到有些學生手支著下巴，漠然地注視著黑板；當我希望藉由叮囑學生改善學習態度，來讓他們建立未來處世的態度，使他們未來離開校園後的人生能更順遂時，回應我的卻是冷淡且無法接近的表情。

學生們認為我囉嗦，是一個過度管事，甚至在找麻煩的老師，我則覺在人際關係中，我們往往只看自己想看的那一面。
主觀看法的影響，讓我們難以用寬廣的角度看待事物。

得自己的滿腔熱血與關懷被迎頭澆下一盆冷水。這些情境使我感到沮喪，夜晚常夢見充滿衝突的課堂。雖然在現實生活中夢境未曾真的上演，但卻顯現了我內心的無力和難以隱藏的恐懼，這些使我更加難受而抑鬱，彷彿被困在黑暗的房間內，想要突破卻沒有出口。

我開始想為這一切找個合理的解釋，諸如時代早已改變，學生的學習不如以往有動機，因此態度也大不相同；又或許是因為這個環境不適合我，如果能夠離家近一點，我可能會更有體力解決這一些難題。期待改變的我，毅然決然地再度投入教師甄試，並順利考取了另一間離家較近的學校。我期許這樣做能帶來新的轉變，一切將因此而好轉。

到了新學校任教，因為通勤時間縮短，我的身心確實得到修復，廣闊的校地和優美的環境，給了我的新生活帶來喜悅和滋養，我與學生的互動也比以往平和愉快。但隨著時間的挪移，我發現自己與學生之間還是隱約有種距離感，我開始反思，也許一直以來與學生衝突的主因不在於環境，而是自身觀念的錯誤。這不是我期望的師生關係，也不是我想要成為的老師的樣子，我想改變，我得要改變。

真正轉變的契機尚未到來，我卻又面臨到生命的另一項考驗——支撐著我們全家，如磐石一樣穩固的地基，我的父親，過世了。

父親在我心中一直是巨人一般的存在，他給了我依靠和智慧的引領。他既是海上指路的燈塔，亦是庇蔭我的參天巨木，如今一朝失去，原本熟悉的世界已然崩裂。從今以後，當我有困難、內心有疑問，我又可以信任誰？詢問誰？我的心中升起一種強烈的渴望：「我好想要一位老師，一位可以信任，可以帶我前行的師長。」

巨大的痛苦壓上了心頭，混雜了失去父親的傷痛以及對未來生活的茫然，工作、家庭，我人生的兩大重點，陡然間都失去了方向。刺骨的寒風盤旋在永無晝日的心海，唯有名為痛楚的波濤在胸口湧動，我感到痛苦、茫然，掙扎著想逃出這黑暗的漩渦，想找出生命的意義。

我開始瘋狂地四處尋求解答，從以前讀的文學、各種心靈成長的課程中，試圖明白人生到底是怎麼一回事？同事看到我這般痛苦掙扎，焦躁地團團轉的模樣，便推薦我去學佛。以此為契機，我開始接觸到佛法，參加佛學研討班，更因此接觸了一個以「關愛」——關懷自身與學生為核心內涵的教育方式。至此，我才學會慢慢思辨與瞭解生命的意義、體會關愛的深意。

在反覆追尋的過程中，我不敢說自己多麼理解生命的意義，但我開始認知到，這些讓我感到痛苦的學生們，其實也和我一樣，正在生命的道路上尋找著解答。這讓我因此能對他們感同深受，也能更加平和地相處。

藉此，我重新反省了自己與他人的相處模式。以前的我很少打開心房，去看待周圍的人，不曾理解每個人都有各自的成長環境與背景，以致造成了不同的思惟方式和性格。在這些脈絡下的蛛絲馬跡是接近他人的契機，我開始找尋一種新的方式去回顧自己的人生，尤其是理解和我相處甚久的奶奶。

她出生在非常貧苦的漁村，歷經了戰火的洗禮，因此很容易焦慮擔憂，早年那些三餐不繼的生活，讓她即使在承平時代也要確保下一頓的飲食，她之所以不許我們把新鮮的食物吃完，是源自於她生命的烙印，這些是小時候的我所不能理解的。

奶奶早已逝去，我鼓起勇氣詢問家人，想要追尋更多關於她的回憶。

表姐思考了一下，這麼跟我說：「奶奶一輩子生活在海邊的鄉村，所以來臺北後的日子她很不安，但因為她心裡非常關心她的孫子和孫女，所以她從不抱怨。妳知道嗎，每天放學有個人在家裡等妳，而且為妳準備熱騰騰的飯菜，是非常幸福的事。」

母親也溫柔地回答我：「其實妳的奶奶不是重男輕女，只是在她的觀念裡，她覺得男女有別。」

這些話成了巨大的衝擊，撞上我一直以來紛亂的感受。我一直以為自

倘若我們能嘗試從對方的角度來看事情，
或是嘗試去發現彼此美好的那一面，我們的心都將因此而柔軟。

己是不被喜歡的女孩，將許多的管教視為束縛和痛苦，然而我錯看了一件事，在奶奶言語表相底下的真心，蘊含一份深深愛著我的心意。她希望我為一個好女孩，是因為在她心中，以及她所受到的教育下，一個安份有禮的女孩才可以過上幸福的人生。

以前我總認為奶奶偏心，然而她其實只是用不同的方式在愛我們。記得我二十歲生日那天，回到家時，年邁的奶奶坐在沙發上，緩緩對我招了招手，對我說：「過來，過來，有東西要給妳。」

語畢，她小心翼翼地拿出了一條黃澄澄的項鍊，笑著交給了我，說是我二十歲的生日賀禮。

從我和弟弟二十歲時，都得到了一條奶奶送的金項鍊，就可看出，她並沒有因為我是女生就忽略我。其實在奶奶的心裡，對我和弟弟都抱著同樣關照的心，只是她長大的環境與時代背景的經驗讓她有一個「女生該這樣做」的既定印象。

這些頓時讓我省思到，在許多人際關係中，我們往往只看見自己想看的，受限於主觀狀態的觀察，讓我們缺少寬廣看待事物的高度，因而產生了許多人我之間的是是非非。問題的根源是我們只相信心中所認為的那個觀點，因而造成了自己的痛苦。

回顧教學生涯中，我缺少了對學生背景的觀察和生命脈絡的解讀，學生們在性格呈現上有各種不同的面向，我往往只先注意到自己不喜愛的那一面，並因此去糾正他們。而當我們不喜歡對方時，所散發的對立氛圍，他們又怎會沒有感受到？

師生之間為了保護自己，各自用尖銳的刺來處理彼此的關係，因而產生更多痛苦。倘若我們能嘗試從對方的角度來看待事情，或是嘗試去發現對方美好的那一面，我們的心都將因此而柔軟，視野更將因此而打開，這就是關係中很重要的理解與溝通呀！

當我終於釐清這些概念後，內心原本抑鬱凝結的心房，宛若被推開了一道窗，微風吹入，湧進了新鮮的空氣，原本侷限的視野，因為這道窗而開闊。我學著不再只是看學生的缺點，不再覺得他們既不合作，又冷漠而叛逆——因為這些外表是「果」，總有「因」讓他們如此。

我嘗試站在他們的角度看事情，靜下心尋找學生的優點，慢慢地竟發現學生許多以前沒看到的美好面貌，內心也因此越發柔軟，能帶著同理的心情與態度來跟學生溝通。或許是這樣，學生感受到我的善意後也慢慢放下了防備的心理。

記得當時我帶了一個新班級，班上有一位沉默寡言但很有自我主張的學生，身上常散發著：「別靠近我，我想做自己喜歡的事」的氣息。

一天，他在早自習時趴著睡著了，我走過他身邊，忍不住出言關心：

「你最近是不是很累？」

「我們國中班導都會讓大家睡覺，妳別管我。」

我可以清晰地感覺到他的不友善，以及自己逐漸加溫的怒火，正想張嘴之時，卻被一個念頭踩了煞車——如果我的出發點是想關心他，卻不能被他接受，不是因為他不喜歡我，而是因為我們之間尚未建立信任感。

有一天他染了一頭色彩鮮豔而刺眼的頭髮，大搖大擺地走進了教室，以往的我若是看到這樣的情況，大概會忍不住覺得對方是故意要叛逆，要挑戰規矩，然後就會上前去糾正他，要求他把頭髮染回來。

我原先也是有這樣的想法，卻在上前的那刻放慢了腳步。長久的學習讓我明白，直接的衝突，對我們兩個都沒有好處。不如更客觀地去看，想想這位在我心中叛逆不羈的孩子，是不是真的這麼糟糕？

跟張揚的外表比起來，他有顆細膩而敏感的心，他的語文能力更是非

如果我的出發點是想關心他，卻不被接受，
不是因為他不喜歡我，而是我們之間尚未建立信任感。

常優秀，組織能力甚佳。越深思，在他身上便發掘出越多原本沒看到的優點。於是我的心漸漸柔和了起來，原本隱藏在內心對他不悅的情緒也緩緩地融化。

我沒有開口指責他染了一頭不合規矩的髮色。

善意似乎也傳遞到了學生的心，他原本像一隻無時無刻在防衛、警戒的受傷小獸，但當我不再碰觸他的防線，不再去踩他原來便戒備地翹起的尾巴後，他銳利的眼神竟慢慢柔和了起來，利爪不再虎視眈眈，與我之間的互動也越來越平和。雖然沒有人說出口，但也許他已經理解到我對他是友善的。

某一天他踏入教室時，原來張揚的髮色染回了原來樸素的黑。我猜，或許是因為他發現，自己不再需要透過染髮的行為來表示他無聲的受傷，也不再需要藉這樣的行為表達叛逆。

當然，我一開始是靠著一腔熱血來運用關愛，真正將關愛落入心中，或許是因為了解到學生的家庭背景。在與家長的對話中，我發現他的媽媽對孩子十分求好心切，因而過於緊迫盯人，導致親子關係的緊張。也因此，這位敏感的學生常常在與母親互動前，會先設想母親可能的反應，進而隱瞞部份實情，避免親子間的衝突。

一次段考後，我陸續發下成績單，並請學生們帶回去讓家長簽名。隔日收回來後，我一張張地細看家長的留言及回饋，目光忍不住停留他的成績單上。

這次段考他沒有考好，而家長簽名欄上的筆跡實在太熟悉了——熟悉到就像是每天在作業、考卷上，所看到的學生的字跡。我左瞧右瞧，怎麼比對，都覺得這像他自己模仿筆跡後代簽名的。

下課時，我請他來找我，並對他遞出了那張成績單，定定地望向他的雙眼，溫和問道：「這個簽名是你簽的嗎？」

出乎意料的，學生竟然沒有編織任何謊言，只是注視著我的雙眼，停頓了一下便靜靜地回答：「是。」

以往的我遇到這種事勢必怒火叢生，並憤慨不已，或許還會當下斥喝學生，但是這時我所思索的卻是：「他為什麼要自己簽名呢？」

我抬起頭望著他，看著他這次不理想的成績，又想起了他們家的親子關係，與家長對孩子過度緊繃的要求與期許，我似乎可以理解他為什麼這樣做。但是，我是一位教育者，我不能只是理解、同理他，我還得引導、教育他。

「你知道你這樣的行為是不對的嗎？」

「我知道，這是偽造文書。」

我看著他，訝異著他的坦然。我緩緩將成績單遞向他，鼓勵他：「這次沒考好你心裡一定很難過。但你的國文真的學得很好，下次一定會更進步的！成績單老師還給你，請你拿回去給爸媽看，再請爸媽簽完名後繳回給我。」

學生看著我，緩慢卻堅定地伸出雙手將考卷接過，然後站正身體，深深地對我一鞠躬：「謝謝老師。」

在這一刻，我從他閃亮的眼神，讀到一種非常溫暖的光芒，更感受到心與心之間的交流，他的辛苦和掙扎我能懂，我對他的欣賞、愛護、期待，他也能夠明白，我們之前不用多說些什麼，自然而然地就流動並知曉了彼此的心意。

原來心與心的傳遞是這樣的，不必用嚴厲地處罰和指責，就能完成我想要給他的教育。也因為他，我經歷了一個全新的生命經驗，我可以不再複製過往我所習得的教導模式，改用一種關懷和理解的方式給予他勇氣，並守護他，進而陪伴他面對錯誤。

那日起，這位學生在各方面的言行舉止以及態度上有了更多的轉變，變得更穩定與柔和，我們之間的相處也更加融洽和諧。

然而教學現場不可能永遠一帆風順，面臨的考驗總是比平順的時候要

我是一位教育者，不能只是理解、同理他，
還得引導、教育他。

來得多，我必得處變不驚，才能面對接踵而來的考驗。

有一次，學生到了上學時間卻還沒到校，因為擔憂他是否生病了，於是我拿起手機打電話給家長，他的母親一接到來電，便語氣急促地對我說：「老師，我家小孩是不是又做了什麼不好的事？」

我聽了有些震驚。我還什麼都沒說呢，怎麼她第一時間聯想到的，就是孩子犯錯呢？

我很想關懷這位母親，連忙說：「不是！不是！我只是想了解他今天怎麼了嗎？怎麼沒到校？是不是生病了要請假？」

電話那頭的媽媽一開始的緊繃漸漸褪去：「他剛吃了藥，現在去學校了，老師抱歉，忘了先跟妳說，他會遲到一下子。」

在她那急切的聲音中，我可以體會到這位母親對孩子的重視。

「他最近表現很棒的，心思很細膩，寫的週記也能看出他文筆很好。媽媽，妳一定從小讓他看很多課外讀物吧！」

我盡量揀著學生的優點與家長談，她的聲音有著訝異與欣慰：「是啊，我會借很多故事書讓他讀……老師，真的抱歉啊，我們家小孩，國三之後就變得很叛逆。不大愛讀書又老愛到處去玩……。」

學生的母親軟下了聲音，絮絮叨叨地說著對孩子的擔心。國三時，她覺得孩子性情轉變，不再專注於課業反而更重視同儕交往，幾次出言規勸，有時情緒激動了，便忍不住大聲責備，因此爆發了好幾次的衝突。

有一次在與母親的爭執當中，學生情緒激動之下，竟對母親說出過於強烈的言辭，在一旁的父親聞言頓時氣急攻心，暴怒之下產生了強烈的親子衝突，從此父子關係降到冰點，學生更是連一句話都不願意跟父親說。

我沒有想過他的內心原來有那麼多的傷痕，充滿了矛盾與懊悔，或許還在痛苦中苦苦掙扎，而他卻用剛硬的外表包裹住自己。若非聽聞他的過往，不曾與他相處，我或許只會感嘆這是一個難教而不聽話的學生吧。

我想起了在學習關愛教育時聽過一段話：「走進任何一個人的心，都必須懷著謙卑的心，不謙虛的話就讀不懂，要非常小心、仔細地閱讀，才能夠讀懂。」

我們常常會因為自己原先存在的見解或是他人的外表，就迅速地進行判斷，因而產生了偏失，也不公正。每一個人的難點和亮點都不同，要慢慢去讀懂呀！

大人的誤解對一個孩子而言有時會是一道深深的傷痕。透過和他相處的過程，表面上看起來是我在關懷他，但此刻的我，彷彿也在陪伴著童年的自己。我的內心是多麼渴望被關心、瞭解，我也想要身邊的大人給予我包容與支持。一直以來我所追尋的關愛，長大的我已然擁有了，甚至能夠給予他人，並回來擁抱自己。

在對學生付出的同時，我也感受到心靈的豐足，這是我能夠持續前行的動力。我依舊每日關心學生，讓他感受到我的關懷與用心，更常常對學生的母親講述學生的優點。日積月累下，學生除了在校表現日益優異外，與家人之間的關係也有了改變。

八月的某一天，學生的媽媽打電話給我，欣喜地說：「老師，這次父親節，我兒子買了蛋糕給爸爸！」

聽到之後，我不禁露出了欣慰的笑容，因為我知道，這代表他與家人之間的結開始漸漸打開了。否則，不願意跟父親說話的他又怎會特地買蛋糕回去慶祝？

高三畢業的前夕，學生寫了張卡片給我，卡片上這麼寫：「老師，謝謝妳。妳是一位讓我難以忘記的老師。妳給了我信心、力量，讓我有勇氣改變。老師，謝謝妳。」

一股暖流流淌進我的內心，看著卡片，我的眼角微微濕潤，既開心，又覺得欣慰。

我替學生感到開心，替他的家人感到歡喜，似乎在不知不覺中，我們已進入了彼此的生命，相伴一程，迎來美麗溫暖的春季，帶給彼此豐盛且我們常會因為自己原先的見解、他人的表象，就迅速地進行判斷，因而產生偏失。

芬芳的花園。我想起了小學時的班導，有點明白他望著我們的眼神裡，那充滿和煦溫度的緣由了。

隨著一次又一次實踐關愛，我逐漸能夠看到學生更多的亮點，也明白自己觀念的侷限，開始努力想突破，而且有一群共同學習的好伙伴們彼此加油打氣，讓我的心中產生更多力量和勇氣，去面對教學現場諸多的考驗，諸如再度投入行政工作；和同事一起主持學校的教師社群；因應新課綱開設選修課程。

這些新的任務帶給我許多成長，然而教職的挑戰未曾停歇，真正再度衝擊身心的是我接下的一個新任務：「擔任一個海外學生班的班導師。」

那時的我並沒有意識到，原來思想、習慣、文化的不同以及對語言理解的掌握，不僅會加劇彼此的認知差異，也會考驗我的智慧和耐心。

那是一個選讀自然組的班級，性格活潑奔放，熱衷於各式學校活動的參與，學生們對課業只求及格，教室整潔也是過關即可。偏偏我是一個細心且嚴格的老師，重視井然的秩序、清爽乾淨的環境，以及學生的上課態度。儘管知道他們處事隨興，我依然保持勤管嚴教的風格，並對他們投注相當的關心。

開學沒多久，這些勇於表達意見的學生開始出現不少「委婉」的抗議：「老師早自習和午休不用來，好好休息一下。」

「我們有時要請假去做事，老師管得太多了！」

我笑笑地聽著他們用不很明確但已有進步的中文和我溝通，仍堅持著自己對班級經營的要求。笑容底下，有時仍會被學生的大小言語給衝擊，讓我心中開始產生不悅。我認為來自異國的他們應該配合臺灣學校的規定，也要適應老師的風格，為什麼要一直調整我的做法？我是為了他們好，不可能讓步。

衝突的爆發點是一次的《論語》課程中，當時課本在年前發放，學生很容易遺失，所以我不斷地告訴他們多加尋找，或是跟別的班級學生商借、影印，上課前一天我也多加提醒。沒想到都做到這地步了，在正式上課時，學生的桌面依舊空蕩蕩的。

我忍不住問學生：「你們怎麼都沒帶課本？這樣要如何上課！」

學生竟一臉不在乎地笑著說：「老師，沒辦法，找不到了，不見了！」

這樣的態度與內容瞬間扭斷了我腦內的神經，我感覺自己的血壓正快速地上飆，忍不住一臉不悅問道：「這樣我們要怎麼上課？」

學生接下來的反應又挑戰了我的底線，他們聽完不但沒反省，竟還露出一臉不以為然，一副：「妳在大驚小怪什麼呀？」的表情，還振振有辭地對我說：「老師，妳抄黑板！抄黑板我們就可以上課啦！」

教室中此起彼落地相互呼應：「老師妳抄黑板，讓我們寫！」

看著一張張笑嘻嘻、天真的臉龐，當下的我腦門衝血，他們全然不覺得自己的行為不對，還反過來要求老師，我覺得自己快被氣到嘔出一灘鮮血來。盛怒中的我眼前一陣天旋地轉，腦內一片昏黑，學到的關愛剎那間被丟到腦後。

怒氣蒙蔽了心智，我當場便用力一拍講桌：「砰！」

大力的撞擊聲讓班上瞬間安靜下來，學生笑著的臉龐僵在原處，一臉茫然地看著我。我的後悔立刻盈滿心頭，意氣用事地拍桌又能如何？但我的理智線已然斷裂，更多的是對他們的不諒解。這群孩子傷了我的心，我不斷地耳提面命是為了他們的學習，他們卻不想學、不在乎，也不懂我的期待與用心。

他們在這裡，要學非常多的學科，如果中文不好會很辛苦的，也因此

芸芸眾人的我，和學生一樣，
原本就不是完美的人，我們都有自己的不足與缺點。

身為語文老師的我才規定許多的作業。換來的卻是這種漫不經心、枉費我一片苦心的回應。

也許是這種強烈的失望，讓我的心與他們漸行漸遠。發怒的隔日，當上課鐘響起，我察覺自己無法走進班級，無法面對這群學生。以前的我並不懂得心與心之間的距離，今日的我雖然清楚看見那道隔閡，身為老師的我卻賭氣似地不願意跨越。

當我踏上通往他們教室的路上，心頭上的沉重讓我的每一步都十足艱難、漫長！我舉步維艱，身上像是綁了千斤石塊，每邁出一步都花費許多力氣，胃沉甸甸的，像塞了好幾噸的石頭，連呼吸都不順暢。

我深吸幾口氣，邁開步伐努力向前。腳下踩的黑白磨石地板與身旁的白牆似乎永無止盡地向前延伸，這通往教室的走廊，走起來好漫長、好漫長，宛若永遠無法走完。或許這是我內心的長走廊，才會如此冰冷灰暗。通往他們的距離如此遙遠而不可觸及，混雜許多我對自己的失望，像是重回了怎麼樣掙扎都無法逃脫的泥淖中。

最終，我還是踏進了教室，強迫自己裝出一切都沒發生的樣子開始上課，但與學生之間那無形的尷尬感還是瀰漫在教室之中。學生的眼神閃爍著對我的探視和詢問，在我投注目光時又慌張地低垂下臉龐。

「他們是想跟我和好嗎？」我不斷自問著，卻沒有答案。

而部份孩子面無表情的冷漠，更打擊著我的信心。我不知道如何開口，也不知道如何化解這些情境，彼此之間的空氣凝結了銳利又扎人的冰錐，冷冽又無聲。好不容易上完課，我飛快地將桌面上的備課用品掃到隨身提袋中，像隻戰敗的母雞般飛也似地離開了教室。回去後的我再度陷入了糾結與痛苦中。

陷入痛苦深淵的思緒如滾水般飛速奔騰，在思緒雜亂的過程中，我抓住了在學習中聽過的智者的提點：「要再再堅定幫助學生的心。」

我是多麼容易放棄！芸芸眾生的我，和學生一樣，原本就不是完美的人啊，我們都有自己的不足與缺點。所以承認自己的失敗與短處並不可恥！我應該坦然接受這點，而且我並不是單打獨鬥，周遭許多人都可以讓我請益，我不是一個人孤軍奮戰，我可以向信念相同的朋友尋求協助。

我立刻拿起手機打給了一名很有教學經驗的朋友，向她娓娓傾訴我遇到的狀況與煩惱。

「我想妳需要喜歡妳的學生，更重要的是也喜歡自己。並嘗試重新跟學生建立關係。」

「我要怎樣做才能與他們建立關係呢？畢竟我剛吼了他們，現在怎麼做都不自然……。」

聽見我沮喪的聲音，朋友笑了笑，溫聲答道：「他們是海外來臺求學的孩子，非常渴望被關心和照顧，妳可以用行動展現對他們的在乎！在他生病時傳達妳的問候。又比如他們的文化很重視生日，妳可以寫張小卡片表示關懷。重點是心意的傳達，透過這些來溫暖彼此的心。」

朋友的話讓我紛亂的思緒頓時安定下來，是的，他們這麼小的年紀一個人獨自來臺求學，要適應新國度的語言、氣候、飲食、學習、住宿環境，這些都是挑戰。

我決定採納朋友的建議，在課堂上我依舊保持著對學生的要求，但在學生生日或生病時我會送上真摯的祝福與關心，可能是手寫的小卡、慰問的簡訊；班上活動我會出席參加，或留校陪伴他們製作教室布置的裝飾、準備校慶擺攤，一起度過中秋和耶誕慶祝晚會；如果他們犯了錯，我會從他們的思想脈絡去理解根源，找出解決之道，遇到人際相處的困難時，我們一起探索應該遵循的價值，向同一個方向前進。特別是我體悟到生命的轉變需要智慧的見解，所以我在課程和班級時間加入許多引導，強調仁愛、友善、尊重和誠實。

隨著時間的齒輪慢慢轉動，身處異鄉而家人遠在他方的孩子們慢慢感受到我對他們的關懷之意，知道老師是為了他們好才有所要求，而非故意

只要方向正確，也投注了水源與陽光，
就耐心等待不同種子的發芽吧！

針對，於是彼此的關係慢慢修復了，甚至更加緊密牢固。

不知不覺，在某個我沒意識到的時間點上，我們的關係不再相同，希望的和風吹來幸福的氣息，全班同學甚至在母親節時，浩浩蕩蕩地前來辦公室，手彈著吉他，捧著一束花，笑容滿面地對我唱出祝福。教師節時，他們更主動寫給我一張張的卡片。

「我們很快樂有您當我們的班導，希望您總是快樂和平安。」

「老師對我們的教育之情超越親情、友情和愛情……。教師節快樂！」

「老師教我們很辛苦，老師請多忍耐，您是我們成長的原因。」

「謝謝老師讓我知道我是誰，因此我勇敢往前走。」

學生們卡片上充滿了祝福與感激，儘管因為語文能力的限制，寫出來的句子並不那麼通順，卻讓我打從心底深刻地感到溫暖與鼓勵，所有的等待和盼望，迎來了美麗的花開。

從前的我，在教育路上大多感受到一種不斷地、單向式地給予的疲憊，認為自己掏心掏肺了，便期待學生即使無法等同回報，也要有所體會，然而隨著時間的推移，用心卻常常付諸流水，於是逐漸感覺自己的匱乏與枯竭。

然而經過了學習，我轉換角度，練習理解他們和我一樣，是有著許多苦樂與悲喜的個體，我們擁有身為人的相同需求，都想要愛與被愛。

名義上我是老師，但因為他們繽紛多元的熱忱與活力，所以我也學習打開心胸，去經歷豐沛廣闊的探險——那就是珍惜每一顆珍貴的「心」所呈現的各樣風貌。

師生雙方的關係不再停留於單行道，而是一種正向的能量循環，只要方向正確，也投注了水源與陽光，就耐心等待不同種子的發芽吧！我的內心因此湧入更多的源頭活水，本來枯涸的心田被微風拂過，希望的苗芽破土成長，神采奕奕地迎風搖擺。

直到內心世界充滿了無限生機，我才明瞭，原來「春風化雨」一詞不只是老師對學生的單向跑道，而是雙向循環。這些生長於海外的學生們，他們與我迥異的生命經驗、文化元素，讓我一窺獨立自主的思惟、熱情奔放的世界觀，我也開始更覺察自己的感受、想法，並且自然地向他們表達：「因為我小時候是這樣長大的，所以我會這樣想和這樣做……。」

他們以理解和包容的眼光看待著我，讓我了解人與人之間相互理解和尊重的快樂，這或許也是一種「教學相長」吧！

「他笑我年紀小，又笑我志氣高，年紀小、志氣高，將來做個大英豪！」高歌一曲後，我重新站回了講台：「來賓請掌聲鼓勵！」在歌聲與歡笑聲的餘音繞梁中，我笑覷著學生們充滿朝氣的臉龐，緩緩拾起粉筆，準備一堂新課程的開始。我發現，自己一路走來，已經與以前有非常多的不同了。

以往容易焦躁、不耐的我，沉澱成了現在的模樣，儘管依舊會焦慮，有時也有強烈的不安，但卻有更大的力量，推著我向前。

這些遠從海外而來求學的孩子們，悄悄地泊進了我的生命，讓我得以重新審視自身，生命的視野因此而展開。在等待、引導與關愛學生的過程中，我更體驗到愛、理解與包容，彼此得到滋潤與成長。

那些年疲於處理各種班級難題而精疲力竭的我，從一個不知所措的迷途者，逐漸蛻變為一名園丁，在名為「教育」的花園裡辛勤地付出心血與關愛，給予幼苗們悉心地照顧，在他們給出的考題中選擇該修剪、澆灌還是拉拔，並從中細細領略到幼苗成長的喜悅。

我也像是一株幼苗，在生命的土壤中掙扎著要破土，甚至在風雨的考

這些年的掙扎與努力成了養分，滋養了我淺薄的根基，
讓我開始蛻變，學會感受陽光的和煦。

驗中彎下腰，然而這些年的掙扎與努力卻成了養分，滋養了我淺薄的根基。當我開始蛻變，便逐漸地感受陽光的和煦與成長的喜悅。我想繼續邁步前進，長成參天大樹，不再畏懼風雨，甚至可以替他人遮風避雨，並與有緣相遇的生命，一起學習幸福的真諦。

擁抱自己的傷口

林玉仙　文／蔡毓芳

每個人都像一本書，這厚重的書頁中，
隱含他的成長歷程，讓每本書都是那樣的與眾不同。

居住在不同星球的人，硬要待在一處，
卻完全無法理解對方，衝突便由此產生。

「這支股票的價格是……。」

我筆挺地坐著，露出完美的微笑，正打算自信地為面前的客人服務。話說到一半，卻不由自主地停下來，因為在幾次眨眼之後，我驚覺電腦上的數字竟與自己剛剛看到的不一樣。

在金融業上班，數字是十分重要的指標，若有錯誤，極可能會讓客戶蒙受嚴重的損失，壓力加上本身對自己的高要求，讓我總能聚精會神地工作，為每一位來到我面前的客戶提供最優良的服務。

然而剛剛，我卻差點報錯了數字。

這從未發生過的事情讓我十分惶恐，我不相信自己有看走眼的可能，深吸了幾口氣後，我閉上眼睛，晃了晃頭，並用大拇指的指節搓揉著眉心。再度睜眼時，我看著螢幕，挫敗地承認，我剛剛的確看錯了。

「小姐，妳怎麼了？」

穿著寬鬆西裝的客人看我沉默的樣子，忍不住出聲呼喊。他的表情混雜著疑惑、不解，或許還有一絲因為久等而升起的不耐煩。

「是，不好意思，剛剛說到一半，這支股票的價格是……。」

我忙不迭地回過神來，快速揚起笑容。儘管努力直視前方，但視力卻晃動了起來，好似眼前籠罩著一層霧氣又快速被撥開，清晰與模糊在眼前交錯。

送走了客人，我深深吐了一口氣，視野向上看去。

潔白的牆壁此刻亮得有些刺眼，天花板上似乎正蟄伏著陰暗的怪物，伺機要朝我迎頭撲來。我深吸一口氣，試著忽略心中的不安，但隨後行為與想法的異常，讓我知道，自己一定有那裡不對。

為了明白自己的狀況，我去看了身心科，醫生對我說，我得了重度憂鬱症。

我一直覺得自己是一個堅強的人，以為面對一切的挑戰，都能無畏地挺過，但病情實在惡化得太快，所有的事情在一剎那全都脫離了軌道。為

此我甚至住了院，但異常的身心狀態並沒有因此褪去，它們像是潮水一般，在我以為退潮的時候，便以更兇猛的方式朝我湧過來。

隨著時間的流逝，我的聽覺變得極度敏銳，無法忍受任何一點噪音；我也無法控制自己的情緒，變得十分敏感，只要沒有被他人理解，便痛苦異常。偶爾，我的情緒會完全無法控制，整個人歇斯底里起來，甚至會覺得空氣稀薄到我無法喘息。甚至連拿起抹布擦桌子、好好端著一杯水，對我而言都成了一種極為困難的挑戰。

然而更讓我痛苦的，是這些症狀並不是持續的，有時我覺得自己好像跟常人一般沒有異狀，卻忽然間就變得不能自理，毫無徵兆來襲的症狀讓我更加不能掌控自己的人生，上班的壓力更加劇烈——因為我不曉得，什麼時候會再發作。

這些脫序的行為對一向要求完美的我來說，是極大的震撼與失落。就連我都無法接納這樣的自己，更何況周圍本來就無法理解我的人們。

我怎麼就變這樣了？我不明白，唯一知道的是，再這樣下去，我一定會墜落谷底。

我的腳下是一條鋼索，向下探去深不見底的深淵似乎在等著我墜落，孤單陪伴著我，要我伺機向下跳。這蒼茫的世界裡，似乎沒有人理解我……，或許就連我自己也不明白自己。

我試著向丈夫求助，但狀況卻一點也沒有好轉。丈夫好似看不到我的痛苦，更不關心我的病，在我對著他講述我的痛苦時，他不理會，甚至翻出結婚以來他受的委屈一樁樁細數，話語如同機關槍掃射，震得我頭暈。我猛地抓住他的手，眼淚上湧著在眼眶打轉。慌亂、無助與痛苦交雜著在耳邊怒吼，那瞬間，我幾乎吸不到氧氣。

「可以請你幫幫我嗎？我無法一個人走下去……我真的很需要你的協助……。」

我拋棄了所有的尊嚴，哭著哀求，就像一個溺水的人，緊抓著浮木一

憂鬱症的療程漫長又辛苦，像是在摸不著邊際的黑暗中，
努力想摸索出一條路。

樣。我抓著他的手，脫力似地跪了下來，腳下的磁磚像是我正握著的手一樣——冰冷而無情。那瞬間，支撐著我走到現在的堅強早已瓦解，我只是一個弱勢的、無助的、不曉得該如何是好的女人，找不回原來的模樣。

丈夫與我對視，那冷漠的眼神中沒有映照出我的模樣，讓我心上一片冰涼。他沒抓住墜落的我，任我掉落更深的苦海之中。

「我不是醫生！我沒辦法幫妳！」

他甩門而出，「碰」的一聲，闔上的木質大門不只帶走了他，也帶走了我的希望。

我呆立在原地，眼淚終於止不住地往下掉，心痛令我彎起身子。雙手環抱著自己，我嚎啕大哭了起來。那瞬間，我覺得自己的一切都是這麼的失敗，結婚八年，換來了重度的憂鬱症，換來了丈夫無情的離去。

為什麼？為什麼我會遇到這樣的事情？我明明是這麼努力的生活著，為什麼？我到底做錯了什麼？

絕望焚燒著我，讓我腦袋一片渾沌，心間蔓延著荒涼的冷意。我任自己跌落至地面，在堅硬而寒冷的地板上，我痛哭出聲，甚至覺得是不是就這樣死去，還可以過得比較快活？

然而有雙小小的、柔軟的手拍著我的背脊。

「媽媽……媽媽乖乖，不要哭哭喔。」

我撐起頭，一股暖意迎面而來。兒子凱凱抱著女兒到我身旁，輕輕地安慰著我，小小的手掌迫切地想給我力量，靠在身邊的兒女傳來的溫暖，在那瞬間讓我強烈地意識到，自己並不是一個人。

就算要走，至少也要等到這兩個孩子長大才行。

我顫抖地伸出了手，將兩個孩子抱在懷中，放聲大哭。

在那個絕望的夜裡，我好像死過一次，卻又好像是重新找到活著的動力。我知道，我不能這樣放棄。

我不想要一輩子過這樣的人生，不希望自己一輩子渾渾噩噩。

不知從何而來的聲音不斷地告訴自己：「我的生命一定是哪裡出了問題，我必須找到真正的問題才能根治！」

為了治癒那讓人痛苦的病症，我毅然辭掉了銀行的工作，想為我的生命去找一個答案。

回頭想來，會得憂鬱症的主因大抵是因為我過於逞強，總想自己扛起很多事，卻忘記身心能承受的重量是有極限的。我偽裝自己是百分之百的強者，心卻早就千瘡百孔。

逞強的習慣，是自幼養成的。

我的母親是一個非常強勢的人，總想掌控一切。由於她的情緒常常無緣無故地大起大落，加上她並不太會照顧孩子，我便想著要扛起責任，照顧兩位弟弟。我陪著他們玩，在他們生病時陪在他們身邊。我告訴自己要堅強，卻沒有想到，自己也需要他人的關懷與陪伴。

母親並不是不想關懷我們，只是不會表達，於是總用自己的方式來給予我們她的愛。而她表達關心的方式，便是那一道道的手做美食。母親的廚藝極好，加上她非常捨得買好的、新鮮的食物給我們吃，因此平日的晚餐常是滿桌的佳餚。甚至常常在晚上九點多的時候，母親看我們書讀累了，便會趁父親不留意時在我們的口袋裡偷塞個五塊錢，然後趕我們下樓，到住處樓下的麵攤吃麵，在寒冬的夜晚能夠吃上一碗熱熱的陽春麵，是年少時的美好記憶。

她將大部分的金錢花費在飲食上，卻沒有撙節開支的能力，讓領死薪水的父親十分不滿。當時要養五個小孩已經十分辛苦，哪可能每天都吃得這麼好？

練習改變的第一步，
便是先學著去看和自己最親近的家人的優點。

為此，他們常常爭吵，母親又太固執，常常惹得父親大發雷霆。這樣的情境反覆輪迴，父母的爭吵便成了我們家固定上演的戲碼。

我不敢向父母索取關愛，因為我看得出來，他們光是處理彼此的問題，便已經難以分神。我強迫自己快速長大，以為這樣就能夠減輕他們的負擔，就能一家和樂。我知道他們並不是不愛小孩，只是在夫妻相處上有極大的障礙。然而過於強烈的情緒席捲全家，像我這般性格較為敏感的孩子，便容易惴惴不安，感到緊張與恐懼。

猶記國小五年級的一次晚餐，和往常一樣，姐姐進廚房幫忙，我則負責端菜餚、擺餐具以及膳後洗碗的工作。隨著一道道的料理擺上了桌，香味讓成長中的我們迫不急待，不斷嚥著口水。

我們一邊望著牆上的時鐘估算著父親抵家的時間，一邊巴望著門鈴趕快響起。

「叮咚。叮咚。」門鈴終於響起，弟弟們搶著去開門。

「好香啊！」紅燒豆腐的香味竄入父親的鼻尖，他露出了一絲微笑。

「爸爸回來了，終於可以吃飯囉！」

弟弟興高采烈地喊著，小小的公寓，頓時熱鬧起來。父親放好公事包，洗好手，正準備跟我們一起坐下用餐，母親卻又走進廚房。

「你們先吃啊！我等等就過來。」

母親一貫會在父親回來後，再做一道熱炒。她總是隔著吵雜的抽油煙機扯著喉嚨大聲喊著。

「是又在炒什麼？菜已經夠多了。」

聽見母親的喊聲，父親臉色沉了下來，他一邊碎念，一邊向廚房走去。父親喜歡吃新鮮現炒的餐點，但母親總是喜歡煮滿滿一桌，如果吃不完就留到下一餐。整個冰箱常常都是隔夜的剩菜剩飯。

廚房傳來母親低聲跟父親說話的聲音，零星的對話內容讓我忍不住緊繃了起來。母親似乎又因為菜錢不夠，開口跟父親要錢了。

「就跟妳說沒有了，妳是聽不懂嗎！」

父親的聲音透著不耐煩，母親卻沒有立刻放棄，她總是這樣，用各種方式想要父親拿出錢來。她沒能聽懂對方的話，像個小孩似地用各種方式希望對方能讓她如願。

「沒有就沒有！妳怎麼都說不聽？下個月孩子開學要註冊了，錢都不知道在哪裡，還吵著要錢！」

父親說話越來越大聲，幾乎是用吼的走出廚房，此時原本坐在餐桌旁添好飯期待要開動的我們，早就接收到警訊在一旁立正站好。

父親揉著眉心試圖壓抑怒氣，母親卻沒感受到父親的努力，反而端著剛炒好的菜餚從廚房走出來，開始用刻薄的口氣數落爸爸。這是母親慣用的伎倆，她以為這樣就能夠讓對方低頭就範。誰曉得，男人的自尊怎能讓人一次次地挑戰？

看到父親胸口明顯的起伏，我們明白，一場激烈的征戰即將爆發。我們幾個孩子試圖移動到離他們最遠的牆邊躲藏，我眉眼低垂，盯著桌子，什麼也不敢說。

「不然妳現在是要怎麼樣！」

父親再次壓低了聲音，聽起來悶悶的，卻帶著十足的怒氣。果然，接著父親用力拍了下餐桌，然後雙手用力一抬，滿桌的飯菜便被翻倒在地上，有些則因為飛起來的弧度較高，甚至飛到牆壁上。滿地狼藉，盤子四處飛散，唯一完好的大概只剩下我們端在手上的飯碗。二姐膽子較大，立刻跳起來勸架，我卻怕地直發抖，恐懼與焦慮凝結在血液中。

像這樣的爭執不是第一次，父親與母親兩人就像油遇見了火，常常談著談著就被點燃，接著那股怒火便四處蔓延，最終一發不可收拾。當時年紀還小，有時會覺得是自己的錯，總猜測是不是自己哪裡做得不好，讓父母煩憂，他們才會吵鬧不休。於是為了減輕父母的負擔，希望他們不要吵架，我總強迫自己事事做到完美，課業也好、生活也好，每日戰戰兢兢，

要顛覆在內心築建多時的高牆，哪有這麼容易，
在每個評斷孰過誰非的恩怨中，城牆早已異常堅固。

生怕有哪裡出錯。長期下來，養成了我好強的性格，而脆弱的、敏感的自我則深深埋在深處，伺機引爆。

以前看到父母吵架，我都是站在父親這一邊的，認為母親的無理取鬧讓父親格外的辛苦。為了想減輕父親的負擔以及壓力，所以我拚命讀書，只想考個好成績，以為這樣便能滿足父親的期待。

然而高中聯考前夕，我卻止不住喘息、頭暈目眩，用手碰了碰額頭，溫度高得驚人。當下不安的情緒開始蔓延，聯考是一次定生死的，偏偏我卻在今日不舒服，但考試沒有延遲的可能，我只能強忍著不適前往考場。

我努力打起精神，想要看清每個字，暈眩卻如同浪潮，一波一波打來，意識就像浪花一樣，在空氣中散開又聚起。精神狀況的不濟終究影響了成績，我沒考上理想的第一志願，看到成績單的那刻，我只覺得幾乎無法呼吸。

努力三年，哪想到一場考試，讓我終究辜負父母的期待。當時我是五

個兄弟姊妹中，成績相對較好的，父母對我期望很高，我也將他們的期待裝在心底，想要滿足他們，讓他們能開心。但我怎麼連這也做不好？

那段時間我開始每天寫日記，將所有的憤懣與痛苦書寫在上面。

「妳怎麼會沒有實現自己的諾言？玉仙，妳好糟糕！」

我一字一字地寫，眼淚落了下來，掉在日記紙上，原子筆的痕跡被淚水暈開成一片片，好像我的生命，始終不清晰，混雜著許多苦痛。

每天，我都自責著，愧疚著，任由自己的自信被啃食殆盡，為了保護那膽小而敏感的自我，我只好裝出剛強的樣子，卻也因此迷失了自我，再不明白自己原來的樣子。

即使長大了，這份對自己的不自信始終在腦海盤旋，我打從心底認為自己是個糟糕的人，因此越發不允許自己失敗。外表看來我追求完美主義，然而真正的內在卻是對自己的不斷否定。這樣的狀態我未曾覺察，更遑論處理，甚至從原生家庭帶進了婚姻。

丈夫與我的互動，像極了一句經典名言：「男女來自於不同星球。」我心思細膩，丈夫卻大而化之，從穿著品味、思考邏輯，一直到溝通模式、處理事情的態度、孩子的教養方式……我們使用的方法都非常的不同。居住在不同星球的兩人，硬要待在一處，卻完全無法理解對方，衝突便由此產生。

以結婚不久的一個故事為例吧，當時喜愛舞蹈的我拉著丈夫去學交際舞，沒想到該是甜蜜的活動，卻以不愉快收尾。

「一、二、三；二、二、三，轉。」

老師微笑地在前方打著拍子，本就很會跳舞的我開心地舞動，先生看著有些生疏，卻認真地想跟上老師的口令、我的動作。身旁一起學習的同學和先生一樣是新手，轉圈的動作看起來手忙腳亂的，然而他們的臉上卻洋溢著笑容，一副興致勃勃的模樣，與先生一臉嚴肅的表情形成了極為鮮明的對比。

「啊，好痛。」
不熟悉舞步的丈夫頻頻踩到我的腳，我忍不住低聲對著丈夫抱怨，有些不懂明明這麼簡單的動作，怎麼丈夫就是學不會？抱怨的話一出，丈夫的身體變得緊繃，他沒有特別說什麼，臉上也依舊是那一號表情，似是沒什麼情緒的模樣。
然而那次的課結束後，丈夫竟再也不肯與我去跳舞了。
當時我不斷疑惑著先生為什麼有那麼劇烈的反應，卻始終找不到解答。直到很久以後，我才明白，被妻子挑剔的感覺或許也對他造成了一定程度的創傷，所以後來，與我有關的活動，他都不參加了。
「妳如果那麼厲害，妳就自己來！我也不是沒有專業的，幹嘛要來這突顯我哪裡不行！」
明明是夫妻，該共同努力的兩人，卻成了各走各的陽關道的關係。我不明白，事情怎麼會變成這樣？

我似乎看見數道細微的亮光正在擴張，
持續照耀的光亮溫暖著我，也給我前行的勇氣。

有時，我覺得疲於奔命，工作很晚才下班，回來後無論做家事還是照顧孩子，一點都沒有少，先生卻依然是那種不冷不熱的態度，讓我不停自問：「我到底是哪一點做得不夠，讓你不滿意？」

壓倒駱駝的最後一根稻草，是親近的同事姐姐的離世——她與丈夫在騎車的過程中，被酒駕者撞飛，夫妻雙亡。

我難以接受生命如此突然地逝去，難過又無力。憂慮積壓在心中的同時，熟悉的同事又一一調離分行，於是在沒有人可以傾訴的情況下，我的心越來越沉、越來越不想說話。

憂鬱症的療程漫長又辛苦，像是在摸不著邊際的黑暗中，匍匐著努力想摸索出一條路，儘管走得跌跌撞撞，但我卻不敢放棄，忍著淚繼續走。記得醫生曾說過，我是最佳模範病人，因為凡事盡心盡力的我，在恢復的這條路上，態度依然積極嚴謹，絲毫不敢倦怠。

我不甘心，也不願意一輩子過這般痛苦的生活。既然，我都已經認知到自己的生命出了錯，我又怎能放任這樣錯誤的人生不管？

辭職後，在朋友的介紹下，我開始學習佛法。秉持著「死馬當活馬醫」的心態，我開始試著實行學到的內涵。

然而練習的第一步，便讓我遇到極大的阻礙——第一步，是先學著去看和自己最親近的家人的優點。親近的家人……是指先生嗎？我覺得困難，卻又不得不硬著頭皮施行。因為我不能不做，不嘗試的話，一切都不會有改變。

在我眼中先生跟他的土木專業同名，又土又木！這樣的他，會有什麼優點？

左思右想，腦中一片空白，只好伸手拿了一本筆記本，想要改用文字來整理思緒，然而不論怎麼回憶那些和丈夫一同經歷的點點滴滴，想起的卻盡是些不愉快的事情。我回想起他無情的背影、冷漠的聲音，半點也沒想到他有什麼好值得寫下。

我讓念頭不斷流轉，卻遲遲無法在純白的紙張上下筆。嘆了口氣，正打算放棄，卻在眸光掃過櫃子上和丈夫的合照時，靈光一閃。

「如果沒有先生，我哪能像現在一樣，不用擔心錢，在家休養，甚至有學習佛法的時間……。」這個想法來得突然，卻讓我忍不住興奮起來。因為這是第一次，我不再用負面的角度看丈夫，而是能看見他的好。

然而高興的時間沒持續多久，我便想起跟我一樣離開高薪職場，轉而擔任業務的他，已經好幾個月沒什麼業績了。想到現實，埋怨的心又開始升起。

「唉，煩死了，怎麼這麼難……。」

看著隨時間流逝卻仍空白著的紙頁，我丟下筆，雙手托著下巴，對自己抱怨著：「我怎麼連這個也做不好？」

嘆了口氣，我決定先放鬆一下，起身朝落地窗走去。

要顛覆在內心中已經築建多時的高牆，哪有那麼容易，在每個評斷孰過誰非的恩怨中，城牆早已堅固異常。

某天，我不經意地拿起電視遙控器，開始轉臺。那陣子總是這樣的，焦躁的心讓我無法停留在固定頻道，於是不停重複按著轉臺的按鈕。新聞、綜藝、戲劇等等的節目如走馬看花般在眼前不停上演。

突然一齣戲劇吸引住我的目光，讓我只能一動也不動地盯著螢幕。

「你不要走……你怎麼狠心拋下我跟孩子？」劇中的女主角因病而顯得蒼白虛弱，一手拉著哭泣的孩子，她一邊努力將另一隻手伸向正推門離去的丈夫，希望他能回頭。

「你走了，我跟孩子要怎麼辦？」然而男主角不顧她的哀求，仍憤然

被理解，也是一種很深的關懷，
這份關懷讓他不再需要以強硬的態度證明自己。

遠去，女主角只能一邊撫著胸口，痛苦地咳著，一邊追著丈夫哭喊。

剎那間，空氣似乎凝結了，我不自覺地閉起了雙眼，一股莫名的感動從心間快速衝上了頭頂，頓時趕走了腦海縈繞的霧霾。

「至少，他沒有拋棄我，也沒有拋棄小孩！」和劇中女主角相似的處境讓我不禁感同身受，也對於仍留在身邊的丈夫湧現了感動。

「他還是挺有良心的！」我笑了出來。

這個發現，像是一劑強心劑猛力注入我的心間。那一剎那，那道堅固的高牆，似乎開始鬆動，隨著從牆上掉落的碎石，我似乎看得見數道細微的亮光正在擴張，持續照耀的光亮溫暖著我，也給了我更多前行的勇氣與希望。

當然，世事不會一直那般順利，我看見了他的好的同時，其實看到更多他的不好，畢竟「感謝」尚未在心中生根，再怎麼努力仍是有破功的時候。可以說在學習「看到優點」這項內涵的過程，失敗的經歷比成功多得多。有時過於敏感的心靈，也讓我容易低落，看到許多丈夫的「錯」。但我沒有放棄，不斷去挖掘、尋覓，試圖改變。

第一次能夠真正感受到丈夫的心，是由於凱凱。

凱凱從小便與一般的孩子不大一樣，他常常表現得像是與外界隔絕的模樣，在自己的小小世界裡，自由奔騰著思想，對事情的看法更常是天馬行空。儘管想像力豐富，但卻有些難溝通。對這個喜愛自由且不受規範的小小心靈來說，講道理是沒用的。要怎麼教養他，成了我們這對非常「一般」的父母，一個極大的挑戰。

記得有一次，我們參加兒童福利中心舉辦的活動，那是一個在舒美墊上滾生雞蛋的比賽，每個孩子在起點上都開心地手舞足蹈。老師、孩子們帶著滿滿的笑容準備，每位父母也都盡力地搖旗吶喊，甚至恨不得能夠下場幫忙。

我也不例外，站在場外替凱凱加油。賽道大約十公尺長，我本來預期比賽很快就可以結束，然而兒子不過前進三公尺，便停在原地，站在終點附近的我忍不住湧現了焦慮。

「他在幹什麼？他不知道要往前滾嗎？」

我心裡質疑著。然而凱凱一點也沒感受到我的緊張，甚至自顧自地開始玩起了雞蛋。

「吼！到底在幹嘛啦！真想往他的頭上打下去。」

看見有的孩子已經到達了目的地，兒子卻還坐在原地，讓我的內心不自覺地生氣了起來。

直到兒子小二時——也是我得憂鬱症的那年，經過醫生評估才知道他患有注意力缺乏及輕微的妥瑞氏症。他的智力很高，但心智年齡卻比一般同齡者小很多。

醫生說：「別的孩子最多說五次就懂了，妳的孩子可能說上數十次，他也不一定能夠理解。」

知道孩子的狀況後，我試著採取關愛的模式去理解他，但是丈夫卻不然，他的行徑似乎刻意忽略孩子的症狀，只是一味執行傳統打罵教育，管教方式的差異也增添了我們的摩擦。

凱凱很敏感，既不會拿捏人際關係的界限，情緒表達也有困難。所以離職之後，我花了很多心思去研閱書籍、參加各種課程，也帶他去參加許多活動，努力將我們母子倆調整到相近的頻道，期望能夠進入他的內心世界。但有件事情讓我非常不滿，那就是我花費了許多時間才建立關係，好不容易讓凱凱能有多一點的安全感，他卻常常因為丈夫的一聲怒斥，便縮回原先的保護殼中。

有一次我從房間走出來，父子倆都在餐廳，孩子坐在餐桌前盯著桌子上攤開的聯絡簿，而丈夫站著，雙手環在胸前，一臉不悅。當下我的內心便開始閃爍不祥的警示燈。

「爸，我不是故意的……。」

每個人都像一本書，這厚重的書頁中，
隱含他的成長歷程，讓每本書都是那樣的與眾不同。

凱凱的聲音有些微弱，神情帶著畏懼。丈夫顯然是不領情的，原先就擰著的眉頭高高吊起。

「不是故意？你怎麼到現在還在找藉口！做錯事就是做錯事，哪來這麼多理由！」丈夫一聲怒喝當頭砸下，我立刻看向凱凱。他肩頭沮喪地垂下，本來就不多話的他，嘴巴更是緊緊地閉起，眼中帶著憤怒、不信任，轉身快速衝回他的房間。我知道，一切都毀了！

「洪先生！」我大聲地打斷原本將要發生的更強烈的衝突，丈夫轉頭過來，一臉理直氣壯。

「你有沒有空？」

「做什麼？」

「我們談一談！」

儘管我試圖忍住怒氣，或許一絲不悅仍然傳了出來，丈夫張了嘴，看似想拒絕，卻又不想示弱，只能對著我說：「談就談！」

先生原本就聲音宏亮，當添上了怒火，更顯得氣勢逼人。他率先拉開椅子坐下，我則繞過他走向他對面的座位，那時的氣氛十分緊繃，似乎在我們兩個之中有一條無形的弦，緊緊繃著，隨時會斷裂。我注意到丈夫的肩膀僵硬著，看著那冷漠的眼神，緊縮的下巴，剎那間彷彿回到過去我倆那些對峙的情景。

但是，就在我坐下的那一刻，憤怒卻以極快的速度褪去，許多的想法快速在腦海滑過，快到我來不及領會就張開了口。

「你知道，我剛剛看到什麼嗎？」我的口氣輕柔得讓我驚訝。

「看到什麼？」他怒火未熄，眉頭仍緊緊皺著。

「我看見一個深愛孩子的爸爸……你想要教他，但是因為你沒有其他的方法，所以只好罵他、打他。」

我張開了嘴，輕緩說出口的卻不是原先準備好的指責，因為那一刻，我似乎看懂了嚴父底下的用心。

原本已準備好要回擊的丈夫，緊繃的肩膀頓時垮了下來。他原本銳利的雙眼泛紅，淚水從他的眼角緩緩流了下來。

後來，我發現丈夫變得更好溝通，教導孩子的方法也變得更為柔軟了。原本的他不會，也不曉得怎麼鼓勵孩子，然而這次的衝突後，他開始試著理解與改變。或許是因為被理解，也是一種很深的關懷，這份關懷讓他不再需要緊緊抓著原先的方式不放，不再需要以強硬的態度證明自己的努力。

為了更理解對方，我們恢復了以前曾有的早餐約會——一週至少選擇一天，我與丈夫一起吃頓早餐，一同談談孩子、家庭、我們的願景，以及那些潛藏在心裡深處，我們一直避而不談的喜怒哀樂。

一開始丈夫是極為不習慣的，因為我總忍不住會說教，想改變他的教育理念。這讓我們的互動顯得磕磕絆絆。

然而我想到了學習時，聽過真如老師說過的一句話：「要用謙卑的心走向他。」

每個人都像是一本書，這厚重的書頁中，隱含著他成長歷程所經歷、學習的一切，這讓每本書都是那樣與眾不同。我卻只顧著用自己的角度，去套在丈夫身上，將自己對他的期待投射在他身上，也難怪我總是讀不懂丈夫。

我必須放下原有的固執與執著，更加溫柔地走向他，放下那個由我設下的界線，去明白，丈夫與我是不同的個體，我要做的，是更謙卑地走向他，而非因為彼此的不同感到痛苦。

丈夫一直是很理智、思考也比較慢的人，然而我總用自己重視感受的標準去衡量他，才有了後來許多的恩怨。如同強將一個方形的物體塞入圓形的盒子，怎麼可能不受傷？而我卻一直抓著那些他與我的差異不放，讓自己傷痕累累，還不斷責怪對方不是我想像的模樣。

學習接納丈夫的狀態，謙卑地放掉自己的執著，放下所有的預設立

我要做的，是放下那個由我設下的界限，
更謙卑地走向他。

場，讓我能試著以不帶偏見的眼光重新看待他。

當我不再強硬地想要要求他之後，丈夫也漸漸變得柔軟——又或者，他原本便是這樣溫柔的人，只是當時我不曾看見。

以往我害怕對他說出內心話，擔心他置之不理，現在我則嘗試再往前跨一步，因為我知道，在每一次心與心的傳遞中，我們都在學著放棄自己固有的執著，學著傾聽那未曾遇見的彼此。

我似乎漸漸變好了，只有偶爾，極為少數的偶爾，憂鬱症才會出來搗亂。有一陣子，我總躲在房間，感覺胃部沉甸甸的，全身乏力，那時候，我最常做的事，便是躺在床上，撲簌簌地流淚。

跟憂鬱症共存這麼多年的我立刻意識到不對勁，我知道，這些症狀都代表了一件事——我憂鬱症快復發了。我早就知道我的憂鬱症不可能會痊癒，隨著時序的改變、心情的起伏、事情的變化都有可能將它自深處勾起。然而好多年了，我好多年不曾發作過，讓我一度以為自己已經好了。

我抖著手，把不遠處的手機撈了過來，簡單的一個動作，我卻覺得把全身的力氣都耗盡了。大口地喘著氣，等到呼吸稍微平順之後，我打給了丈夫。

「喂？玉仙？怎麼了？」

電話響沒幾聲就立刻被接起，彷彿丈夫一直等在電話旁一般，他的聲音透過話筒傳來，聽著好溫柔。一聽到他的聲音，我的淚水不受控制地湧上，啜泣著講不出話來。

「玉仙？」

「我現在狀況真的很差，你可不可以給我一些幫助？我一個人真的沒辦法。」

我低聲地求救，腦中卻不受控制地想到他曾經絕情的背影，害怕地開始打顫。我好怕，怕自己又被拋棄。

「好，妳等我。」

丈夫沒有多說什麼，低聲給我承諾，然後立刻從公司驅車回來。在等待他的過程中，無邊的寂靜包圍著我，好黑，好可怕。

「玉仙，我回來了！」

丈夫走入房間，手在牆邊摸索了一會，將房內的燈打開，亮光讓我瞇起眼，眼淚又開始滾落。等到他走近床邊，我一把抓住他的手臂，用力的手都在抖。

丈夫一瞬間有些愣住，隨即握住我的手，或許是為了安慰我，他開始想分析我的狀況，試圖給我一些建議，然而這些道理卻半句都進不了我的心。我不想聽說理，我只是希望能有人好好地，好好地傾聽我的痛苦。

「你可不可以，什麼都不要說，就聽聽我說？」

我只是希望能有人傾聽我，理解我，這樣就好了，這樣對我來說就是最大的關懷。丈夫的身子一僵，手指忍不住蜷縮，嘴巴微微張開，像是想反駁，又像是想發怒，但他最終什麼都沒說，只是垂著雙眼聽著我哭著說話，然後在最後，給了我一個擁抱。

好多年了，我渴望被理解，已經好多年了。從我幼時一直到結婚生子，我都渴求有人能傾聽我、理解我，這是第一次，我覺得那痛苦的心終於得到安撫。

一直以來，我總想著滿足他人的願望。年幼時，我不想惹怒父母；結婚後，我期望丈夫在意我；生了孩子，我希望能讓他們過著開心的生活。然而我卻一直沒有留一點力氣照顧自己，不曾真正理解、認識自己的狀態，即使學佛後，我仍只是將學到的內涵當成膏藥，以為把膏藥貼在傷口上面一切就沒事了，也因此沒能再深入探索自己的煩惱，以及煩惱背後的我心中的傷口早已化膿，卻不曾清理，只是用學到的道理敷在上頭。
但腐肉未清，又怎能讓藥理滲入其中？

原因，放任原來的傷口繼續化膿。

曾經治療過傷口的人應該都知道要怎麼治療自己吧？你得溫柔地、和緩地將傷口清理乾淨，然後明白是什麼原因造成傷口這般嚴重，才能好好對症下藥。我心中的傷口早已化膿，但卻不曾去清理，只是用學到的道理敷在上頭。但腐肉未清，又怎能讓藥理滲入其中？

我開始學著探索自己的內在。我明白那些痛苦都得從源頭察覺，才有根除的可能。也許是因為我從未思考過自己的價值是什麼，我才總是看輕自己，責備自己。

心思本就細膩又敏感，偏偏在許多跟先生與孩子的應對過程中，我又選擇忽略或壓抑自己感覺，想藉由討好他們來解決問題。其實，這跟母親一貫的反應很像，用錯誤的方式來包裝自己，導致心上傷痕累累。

我不自覺複製了在原生家庭的習慣，用強勢偽裝自己的外表。我從不允許自己失敗，但那不是真正的堅強，而是希望得到別人的肯定，希望能藉由這樣討好他人，去希求愛。我害怕自己會不被愛，家裡這麼多孩子，似乎不表現得好一些，不去聽從父母的要求，我就會被拋下。

害怕不被愛的心，讓我一直都不敢正視真正的自己，甚至不允許自己不去滿足別人的期待。於是我不願意接受，也不敢面對自己的負面情緒。慣性地壓抑與忽略它們的後果，便是它們被我一次次打壓後，不再用力宣洩，反而深藏進身體的各個部位，產生各種莫名的疼痛。

想要改變，我必須先學會照顧自己，從源頭開始愛自己。當我不夠穩定的時候，根本不可能關愛他人；對自己認識不夠的話，根本不能同理他人。當自己都沒有體驗過給自己的愛是怎樣的，又怎麼能知道給出去的愛的模樣？那份強加在他人身上的愛，充其量只是偽裝成愛的替代品。我在學佛後學到要溫柔待人，然而這麼久的學習，這麼長的自省之後，我才第一次理解，愛人之前，我必須先給自己愛。

學習愛的第一步，我從呼吸開始練習。一直以來，我總過於焦慮，全身心被情緒給役使，焦慮驅使著我，讓我連專注都十分困難，所以我想先練習回歸當下，專注在每個不斷流逝的時刻裡。

每一次練習的結果反覆積累，讓我發現原來自己在心頭儲存了好多好多的壓力，它們從不曾強烈地攫住我的目光，卻沉甸甸地轉化成硬塊，壓在肩上、背部甚至是心頭。

這些壓力，是我長久以來潛藏的恐懼，有幼時深怕自己做不好就會失去父母的擔憂；長大後面對棘手問題時被我深深壓制住的恐慌；面對婚姻關係時的無力與悲傷……，原來，我有好多好多的痛苦。

我一次次地帶著滿滿的愛去接納它，不忘在每次的練習中看到自己的努力，更多的是，我學習肯定自己的努力。

我第一次明白，我不是自己想的那樣糟糕的人。重頭想來，當時，我早就盡力了。父母吵架，我又怎能以一己之力改變他們？而他們吵架，又怎會是我的責任？我將一切歸咎是自己的過錯，以為自己能夠讓家庭和樂，但那時小小的我哪有能力去應對那些問題？

我不想再這樣為難自己了。

隨著每一次的呼吸、覺察、接納，我身體內盤據的硬塊，開始拉扯、拆解，甚至鬆開。隨著身體變得輕盈，我的心好像也慢慢跟著鬆開。我那從小就對母親不滿的心，也不再盤根錯節，反而順著我每一次重新的探究，逐漸鬆開。

以前，我總覺得我們家如果沒有母親，好像會過得比較好。至少，我們不會再因情緒而擔憂，父親也不用因為錢而煩惱。為了改變她，我處處當我不夠穩定時，根本不可能關愛別人；
對自己認識不夠的話，根本不能同理他人。

跟她對立，不論她說什麼事情、做什麼事情，都跟她唱反調。

儘管學佛之後，學習到要孝順父母，但要扭轉長久的對立關係，哪有這麼容易？我在理智與情感中拉扯，不曉得該如何是好。可是就在我慢慢學習接納自己、不討厭自己，甚至覺得自己好像沒那麼差勁之後，我也開始能夠看到母親內心的辛苦。

母親同我一樣，也是自我價值極低的人，可能是因為她三歲就失恃，為了求生存，於是養成了一套屬於自己的應對模式。

我們母女很像，總會把外在的總總變化跟自我價值畫上等號，把所有價值的來源都寄託在所扮演的角色上，所以心情總是隨著外境起起伏伏，特別辛苦。或許，母親比我還要痛苦，因為她的行徑從未被周圍的人接納，她極盡地討好我們，卻又被我們拒絕，最後她只好採取辱罵對方的方式來肯定自己的價值。

我想翻轉與母親那痛苦而互相折磨的關係。

往常我總盡力避免與她互動。因為我曉得，兩個受傷的人湊在一起也只能互相傷害。但如今，我那不斷流血的傷口似乎已經開始結痂，或許，我也能夠嘗試將這份力量傳遞給母親。

拿起電話，我深深吸了幾口氣，並不斷提醒自己，若等等母親又發脾氣了也沒關係，那不是因為我做錯了什麼，而是母親疼痛的傷口在作祟。

「喂？」

母親有些沙啞的聲音傳了過來，聽見她的聲音，不知怎地，原先擔憂的情緒也漸漸消弭。我想，沒事的，我已經有了改變的勇氣了。

「媽，是我，玉仙啦。」

「玉仙喔，怎麼了？」

「沒有啦，想跟妳聊聊天而已。妳跟爸吃飽了嗎？」

這是第一次我主動提起跟飲食相關的話題，以往我是逃避與母親談到吃的，一方面是因為她太過在意飲食，於是總會對我碎念，甚至會因為我外食而生氣。我討厭她這樣約束我，於是總是避而不談。

「吃飽囉，我跟妳爸都吃得很飽啊！妳呢？今天煮什麼好吃的？」

「我今天沒煮耶，阿榮今天不在家，所以我想休息一下，就沒有煮。」

閒話家常的話題，卻讓我有些焦慮，只能試著不斷呼吸，安住自己的情緒。往往母親總在聽見我要外食，就開始她的長篇大論，我不曉得母親今天會有什麼反應，卻也不想再被焦慮與跟她唱反調的慣性給牽著走。

「妳今天沒煮喔？」

「對啊，我等等想去吃好吃的料理！」

我試著讓聲音歡快些，出乎意料之外的，母親竟然沒有接著叨念，甚至順著我的話來關心我：「這麼好！要去吃什麼啊？」

「我家附近有間日式的蔬食料理，他們的杏鮑菇丼飯很好吃，改天妳來，我帶妳去吃好嗎？」

「這麼好啊……」

聽著母親和緩而開心的聲音，我忍不住顫抖起來，掛了電話後，我便哭了。

這是我們第一次能夠在這麼和平的氛圍下通話。以往跟母親談飲食，我總壓力極大，母親的執著讓我有些難以應付，加之我吃素後，她總認為會營養不良，因此想盡辦法要我吃點葷食。

我一直希望她能夠理解我，能夠像別人的媽媽一樣與我談心，然而我聽不出她的關懷，感受到的只是她從小到大無止盡的焦慮與掌控，而多年來我就是那個極力想要脫離如來神掌的孫悟空。我想靠近母親，但就算做足了心理準備，每每回去依舊坐立難安。

回去前，做足的心理建設，都在時間的流逝時漸漸崩解，過往曾有的爭執和身處的環境讓我焦灼不已。我想維持平靜，卻又達不到，這讓我十分沮喪。我總在回程的高鐵上偷偷掉著淚，內心掙扎著：「下次還要不要

我有選擇袒露的權利，
但我也要為自己的選擇負責。

回去？」

是夜，我躺在黑漆漆的房間，眼淚不停地流著，淚水沾濕了枕巾。

「這麼多年來，母親極盡所能跟父親要糖吃，為的是誰？」

如此自問的同時，腦中清楚浮現那些過往的畫面，母親跟父親要了很多的錢，但她從沒有為自己買過華麗的衣裳，也鮮少為自己買保養品，只是將所有的心力投注在飲食和我們的學習上。

母親的身影在這個暗夜裡，更加鮮明。我閉上眼簾，然而那個因膝關節退化嚴重，總是一顛一顛跛著走路的身影，卻不斷現起。

「是我們！沒有別人，就是我啊……。」

我的淚水淹沒了漆黑的夜晚，花了幾十年，繞了好大的圈，吃了好多苦頭，我終於懂得了，一點點……母親的心。

我與先生的互動也在持續的努力下產生極大的變化。原先那個又土又木的男人，開始更加平靜地理解與傾聽我，甚至跟著我一同去學習佛法。除了我的改變與堅持被丈夫看見外，或許每週一次的「約會」也是我們關係能開始不同的契機吧。

很多人都說我是個高標準，求完美的人，學佛後為了改變這些標籤，因此又過度自省，直到最近才能更持平地觀察自己。然而這十多年以來，這些自我醒覺與探索的過程，想必也為丈夫與孩子帶來不少壓力吧。

「我昨晚看了一本書，在談論高敏感人格，那一刻，我終於知道原來自己便是那種高敏感的人，我大概有百分之八十的特質符合書上寫的內容……。」

在一次的早餐約會上，我終於忍不住對先生袒露我的新發現。先生面無表情，沒有回應，我卻忍不住繼續說著，甚至激動地流下了眼淚。

「你知道嗎？昨天我整個人好像被鬆綁了一樣，我興奮得幾乎睡不著，那些文字對我而言，就像救命丹。我終於明白，不是我難搞，而是我原本就跟你們不一樣。以前，只要看到你們不耐煩的表情，我就不斷自責，為什麼我要這麼麻煩……。」

眼淚模糊了視線，我翻著包包中的面紙，忍不住想起了那些和家人出去用餐的過去。因為我總是比別人容易感受到環境中細微的聲音、氣味，甚至氛圍，感受左右我的反應，有時總會因此而大受影響。為了避開一切可能的影響，跟家人一起外食時，我需要選擇一個不會太冷、不會太悶、冷氣不能直吹、與旁桌有點距離的位置，家人總得要等我挑選完座位才能入座，我明白他們的不耐，也不自覺自責了好多年。

「我也終於知道，我的問題是我沒能真正接納自己，我一直都很在意你們的眼光……。」

說完我忍不住更大聲地啜泣著，感覺到心隱隱作痛，剖析自我的同時，我覺得好似也對自己多年的辛苦有著更深的理解。看著我痛哭流涕的模樣，先生沉默地翻起公事包，遞了張面紙給我。

這不是我第一次剖析自我，自從開始學習後，我才明白自己不用偽裝成強者，可以學習對家人「袒露真實的自己」，更可以「求助」。但在這條拉近彼此距離的路上，我走得並不順暢。

剛開始，我對他們有太多的期待，因為我是那樣真誠地剖開自己，將血淋淋的心捧在手上給他們看，因此也希望他們在傾聽的過程能不要給我建議，因為那樣讓我覺得被否定，卻又希望傾聽後他們能夠給予一些正向的回應。那時不大認識自己也不會照顧自己的我，一味向他們索取理解與認同。一陣子之後，他們開始流露反感的情緒。

是學習、是堅持，
我才有走出來的機會。

吃了很多苦頭之後，我才學到，要不要袒露、對誰袒露、袒露多少。都是要學習的課題。我有選擇袒露的權利，但是，我也要為自己的選擇負責，而不是去期待別人來為我的選擇負責。

經過一次次小心翼翼地袒露，先生才終於開始鬆動他長久以來對我的想法。

「你聽完我剛才說的那些話，有什麼感覺嗎？」

我輕輕地問著先生，他默默不語，並沒有回應。他通常不太會整理內心的想法，我知道這樣的問話，是有些為難他了。

「看著剛剛那麼激動，還哭得這麼厲害的我，你心中有想到什麼嗎？」

我試著換個方式詢問，先生卻仍然面無表情，不知道是什麼原因，他今天很沉默。如果是以前的我早就開始猜測：「他怎麼了？是他對剛才我說的內容有意見嗎？」但現在我不會去過度解讀，反而能平靜的對話。

「對我來說，這是生命一個非常重要的時刻，你可以對我說的有些回應嗎？我知道我不能強求你要說些什麼……，但是我還是很期待聽見你的聲音。」

長期建立的默契，讓我能夠更勇敢表達我的想法，因為，這一天實在是太重要了。但如果他選擇保持沉默，我也會學著接受。

「就覺得……妳很辛苦，能夠走到今天，真的很不容易。」

先生終於鬆動了那毫無表情的臉龐，他舉起手拍了拍我的頭，溫暖的感覺透由掌心傳了過來。

「謝謝你，這句話對我非常重要。因為你是少數懂我的人，也是我很在意的人，我承認我還沒那麼厲害，我的心裡仍有很多困難……。」

我鬆了一口氣，要看到自己的困難並且願意表達出來，沒那麼容易。但先生是能夠在我低落的時候接住我的重要他人，我希望能讓他懂得真正的我。

「原來妳也有困難……我一直以為妳是無敵女金剛……。」

丈夫眼中的我，始終是厲害的、強勢的，不夠柔軟的。或許是這樣，所以我在得憂鬱症後向他求助，他根本無法理解原來我已經站在懸崖邊緣，隨時可能往下掉。畢竟，我是那樣厲害的人，講話也中氣十足，吵起架來更是條理分明，這樣的一個人，哪像是會得重度憂鬱症的人呢？

直到我學習袒露，學習剖析，學習不再偽裝成百分之百的強者，丈夫才終於看見了我的難處。如果沒有透過認識自己、學習袒露自己，如果沒有耐心地跟他核對、磨合，或許沒有機會走到這一天，可能就一輩子錯過真實的彼此，成為最熟悉的陌生人。

以前我總覺得他固執、沒有品味，那些曾經讓我難以接受，怎麼都看不順眼的他，現在卻成了我最堅強的依靠。

近幾年，開始學茶道後，我的心比以往更穩定幾分。泡茶講究不疾不徐，心若浮動了，動作也會跟著急躁，泡出來的茶味道也非常浮躁，充滿氣泡與雜質。泡茶就像是曾經憂鬱症的我一樣，控制不了的時候，浮沉著苦楚，然而隨著時間日久，當心越專注，動作越發穩定的時候，茶味便漸趨沉穩，整個身心也跟著平和了起來。

先生說，我改變很多，原本就像一部中古車，走走停停，載起人來顛簸不已，學佛後就像送進了保養廠，出來後，他都不認得了，一度懷疑，原本的中古車去哪了？怎能變成現在這般平穩？

這不單單是靠我自己，是學習、是堅持，我才有走出來的機會，這一

苦受讓我得以同理他人、接納他人，
也得以讓生命開出燦燦心花。

生有許多時候，我都耗盡心力想改變他人，表面是為了他們，實際上卻是想著減輕自己的痛苦。繞了一大圈才發現苦樂的根本，源於自身。

從開始學習至今，十多年的日子，是我人生中最辛苦，卻也精采的時光。因為我學會了欣賞與感謝——對自己、家人、身邊的大小事。

我不能說從此我們家便再也沒了爭執，一切幸福美滿。偶爾，我仍會感到低落，會因為一些小事與丈夫產生口角，甚至心中那潛伏著的憂鬱，總還是蓄勢待發，想在我心力低落的時候，張牙舞爪地衝出來。但我已經學會傾聽內在的聲音，學習照顧自己，在每一個低沉的時刻，學會更快地走出來。

得到憂鬱症，遇到丈夫，生下兩個孩子，然後值遇佛法，是我這輩子最幸福的事情；因為所有的苦受讓我得以同理他人、接納他人，也得以讓自己的生命，開出燦燦心花。

《為你降一場溫柔細雨》

亮點 005

作　　者　福智文化編輯室
責任編輯　蔡毓芳
文字協力　李宜珊、李等、廖雅雯、蔡毓芳
美術設計　賀四英
排　　版　華漢電腦排版有限公司
印　　刷　科樂印刷事業股份有限公司
特別感謝　陳淑娥

出 版 者　福智文化股份有限公司
地　　址　105407臺北市松山區八德路三段212號9樓
電　　話　(02) 2577-0637
客服Email　serve@bwpublish.com
總 經 銷　時報文化出版企業股份有限公司
地　　址　333019桃園市龜山區萬壽路二段351號
電　　話　(02)23066600 轉 2111
出版日期　2021年1月　初版一刷
定　　價　新台幣 300 元
I S B N　978-986-98982-5-6
版權所有・請勿翻印　Printed in Taiwan

※如有缺頁、破損、倒裝，請聯繫客服信箱或寄回本公司更換

國家圖書館出版品預行編目(CIP)資料

為你降一場溫柔細雨 / 福智文化編輯室作.
－初版.－臺北市：福智文化股份有限公司，2021.01
面；　公分. －（亮點；5）
ISBN 978-986-98982-5-6（平裝）

1.生命教育　2.通俗作品

528.59　　　109020584